진정한 성공의 길

성품 가정 세우기

 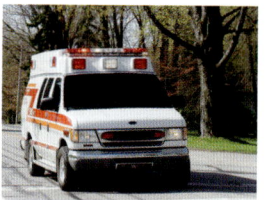

울타리인가, 구급차인가

"그 절벽은 너무 위험해!"
사람들은 그렇게 말하면서도 절벽 가까이 걷는 것을 무척 즐겼습니다.
하지만 이 사람 저 사람 자꾸 절벽 아래로 떨어졌습니다.
사람들이 한결같이 대책을 강구했지만
의견만 분분했습니다.
"절벽 끝에 울타리를 치자!"고 하는 사람.
"절벽 아래 골짜기에 구급차를 세워두자!"고 하는 사람.

결국 구급차를 두기로 했습니다.
소문은 이웃 마을에까지 퍼졌습니다.
사실 울타리는 쓸모가 있을 수도 있고 없을 수도 있겠지요.
그러나 사람들이 계속 그 위험한 절벽에서 떨어졌기 때문에
마을 사람들의 마음은 안타까움으로 가득했습니다.
마을 사람들은 한 마음으로
함께 돈을 모았습니다.
울타리를 치기 위해서가 아니라
절벽 아래 골짜기에 구급차를 세워두기 위해서 말이죠.

사람들은 말했습니다.
"조심만 하면 절벽은 문제될 게 없어."
"사람들이 발을 헛디뎌 떨어진다고 해도 크게 다칠 정도는 아니야."
그런데 매일같이 사고가 났습니다.
구조대원들이 달려와 절벽 아래로 떨어진 희생자들을 신속히 실어 날랐습니다.
골짜기에 세워둔 우리의 구급차로 말입니다.

그러자 지혜로운 어르신께서 입을 여셨습니다.
"예방에 집중하여 원인을 제거할 생각은 하지 않고
결과를 수습하는 일에 훨씬 더 많은 주의를 기울이고 있다니 참 안타깝구려.
이제 이 모든 해악의 원인을 막읍시다."
어르신께서 외쳤습니다.
"이웃 사람들이여, 친구들이여, 모두 이리 모이시오.
우리가 절벽에 울타리를 치면 골짜기에 구급차를 세워둘 필요가 없을 거요."

나이 든 사람을 야단치는 것보다 어렸을 때 잘 가르치는 것이 더 낫습니다.
지혜는 외칩니다.
"떨어진 사람을 구조하는 것도 좋지만
다른 사람이 떨어지지 않도록 예방하는 것이 가장 좋은 방법입니다."
교도소에서 꺼내주기보다 유혹과 범죄의 근원을 차단하는 일이 더 중요합니다.
골짜기에 구급차를 두는 것보다 절벽 끝에 튼튼한 울타리를 치는 것이 더 낫습니다.

요셉 맬린스

진정한 성공의 길

성품 가정 세우기

©2010 아이비엘피코리아
©IBLP Publications, 2014
©2000-2006 International Association of Character Cities

Achieving True Success: Building a Character Family
Institute In Basic Life Principles
©IBLP Publications, 2014

진정한 성공의 길(개정판): 성품 가정 세우기
-49품성 해설서-

©2010 아이비엘피코리아(IBLP-Korea)

2010년 1월 1일 개정판 1쇄 발행
2014년 5월 1일 개정4판 1쇄 발행
2022년 3월 1일 개정5판 3쇄 발행

발행인 IBLP-Korea
등록 2007.11.12 제60호
홈페이지 www.kr.iblp.org
이메일 office@kr.iblp.org

ISBN : 978-89-94905-16-7 03370
정가 17,000원

잘못된 책은 바꾸어 드립니다.

저작권자나 발행인 IBLP-Korea의 서면 허락 없이 이 책의 일부 또는 전부를 복사하거나 재생할 수 없습니다.

진정한 성공의 길

목차

자연과 가정에서의 성품 17

지역 사회가 함께 성품 세우기 72

성품 훈련의 즐거움 74

성품이란?	7
성품 가정이란?	8
우리 가정도 자격이 있을까요?	
어떻게 성품 가정을 세울까요?	10
단계별 성품 가정 세우기	
주간별 성품 가정 세우기	
성공을 위한 49가지 품성	17
성품 훈련의 보상	69
품성의 균형이 필요한 이유	70
성품 훈련 및 교재	72
성품 기르기: 지혜로운 결정	74
관계에 중요한 요소	
과정이 새로운 의미를 갖는다	
성품 가정 결의문	77
개정판 주요 수정 사항	79

성품가정 세우기

성품 (性品, Character)

[명사] 사람의 성질이나 됨됨이. 『표준국어대사전』
그리스어로 charakter는 '깎아내다, 자르다, 새기다'라는 뜻이다.
1828년판 『웹스터 영어사전』에서는 '고귀함, 남다르거나 훌륭한 성질, 높이 평가 받고 존경 받는 성질, 사람을 평가할 때 공통으로 사용하는 성질'로 정의한다.

"훌륭한 성품은 금보다 더 값지다." 　　무명

※ 이 책에서는 '성품을 기르다'와 같이 일반적인 인품을 가리킬 때는 '성품(Character)'이라는 용어를 사용하고, '근면'이나 '진실성'과 같이 인품의 구체적인 덕목을 가리킬 때는 '품성(Character Quality)'을 사용하였습니다.

성품이란?

성품은 어떤 대가를 치르더라도 옳은 일을 하려는 내적 동기입니다. 사람에게는 누구나 진실성, 인내, 충실함과 같은 품성을 닦아 성품을 기를 수 있는 기회가 똑같이 주어집니다. 이런 품성에 기초하여 일상 생활의 결정을 내리면 실제적이고 지속적인 보상을 얻게 됩니다.

의지력
반대에 부딪히더라도 올바른 목표를 제때 이루기로 작정하는 것

"성품이 그 사람의 운명이다."
― 헤라클레이토스

"아무도 보는 사람이 없을 때 하는 행동이 그 사람의 진짜 성품이다."
― 배론 토마스 바빙톤 맥콜레이

"오늘의 나는 어제 내가 선택한 결정의 결과이다."
― 무명

"한 사람의 성품은 그 사람 자신의 손에 달렸다."
― 안네 프랑크

근면
맡겨진 일을 완수하려고 시간과 힘을 쏟는 것

"마음이 의로우면
　성품이 아름다워지고,
　성품이 아름다우면
　가정이 화목해지고,
　가정이 화목하면
　국가의 질서가 바로 서고,
　국가의 질서가 바로 서면
　세계가 평화로울 것이다."
― 중국속담

"생각을 심으면
　행동을 거두고,
　행동을 심으면
　습관을 거두고,
　습관을 심으면
　성품을 거두고,
　성품을 심으면
　운명을 거둔다."
― 사무엘 스마일즈

성품 가정이란?

성품 가정이란 불완전하고 일관성이 없고 부족한 게 많고 갈등과 실패가 있어서 늘 도전과 압력을 받더라도, 가족은 물론 남들과도 진심으로 화합하고 감사하는 것을 배우기로 결심한 가정입니다.

"국가의 도덕성은 개개인의 가정에 기초해야 한다." 존 아담스

어떤 가정은 가족이 화목해서 만족스럽고 행복해 보이는데, 어떤 가정은 분노와 원망으로 갈라지는 것에 **의문을 가진 적이 있습니까?**
원인은 돈, 교육, 기회가 많으냐 적으냐가 아니라 바로 성품에 있습니다. 아주 가난한데도 가족 관계는 정말 성공적인 가정이 있고, 부유하지만 진정한 화평과 행복을 경험하지 못하는 가정도 있습니다.

유례 없는 과학기술의 발달에도 불구하고 우리가 성취할 수 있는 것 가운데 가장 중요한, 가정을 튼튼히 세우는 일에 실패를 거듭하고 있는 현실에 대한 우려가 높습니다.

곰곰이 생각해 봐야 할 점 …

건물은 높으나 인내력은 낮다.

편리한 것은 많으나 시간은 적다.

지식은 풍부하나 판단력은 부족하다.

집은 화려하나 가정은 깨진다.

공기는 정화하나 영혼은 오염시킨다.

달까지 여행하나 이웃집은 가지 않는다.

사는 햇수는 늘었으나 참된 삶은 줄었다.

작자 미상

이 책은 여러분의 가정이 성품을 훈련하는 현명하고 보람된 목표를 향해 매일 정진하도록 돕기 위해 만들었습니다. 이 책을 계속 읽으며 어떻게 시작할지 배우시기 바랍니다.

성품 가정 세우기
… 한 번에 품성 한 가지씩

"제 꿈은 저의 네 자녀가 언젠가는 사람을 피부색으로 판단하지 않고 성품으로 판단하는 나라에서 사는 것입니다."

마틴 루터 킹 Jr.

우리 가정도 자격이 있을까요?

☐ 때때로 가정에 긴장이나 문제가 있나요?

☐ 가족 중에 여러분을 짜증나게 하는 사람이 있나요?

☐ 집안에 어지럽게 널려진 물건을 치워야 할 때가 많은가요?

☐ 가끔 다른 가정에서 살고 싶다는 생각을 하나요?

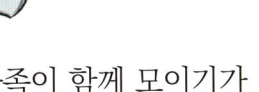
☐ 매일 일정표를 지키기가 힘드나요?

☐ 식사할 때조차 온 가족이 함께 모이기가 어려운가요?

위 질문에 하나 이상 "예"라고 답했고 성품이 우리 가족에게 중요하다고 믿는다면 여러분은 성품 가정이 될 자격이 있습니다.

모든 가정에게,
이 프로그램은 여러분을 위한 것입니다!

성품은 나이에 상관없이 전세계 누구에게나 중요합니다. 창의성, 인내, 후함과 같은 품성은 아이나 어른 모두에게 유익합니다. 그러므로 가족 수, 사회적 지위, 인종, 종교, 환경을 가리지 않고 가족이 함께 성품을 단련하는 데에 초점을 맞추면 많은 유익을 얻습니다. 성품 가정을 세운다는 아이디어는 가족이 함께 성공의 밑거름이 되는 품성에 삶을 집중하는 도구일 뿐입니다. 성품 가정은 바쁜 일정에 쫓기는 가정에 일을 하나 더하여 부담을 주려는 것이 아니라 삶을 긍정적인 관점에서 보고 가정을 든든히 세우는 방법을 제시하려는 뜻에서 만들어졌습니다.

어느 가정이나 성품을 세울 수 있습니다.

"사람의 지성만 가르치고 도덕성을 가르치지 않는 것은 사회의 골치거리를 키우는 것이다."

테디 루즈벨트

어떻게 성품 가정을 세울까요?

"동서를 다 다녀 보아도 자기 집만한 곳이 없다." 로버트 슈맨

가정의 성품 훈련은 네 가지 필수 단계로 집약할 수 있습니다.

- 가정에 대한 **관점**을 평가한다.
- 함께 성품을 훈련할 **계획**을 세운다.
- 성품 훈련의 기본 원리를 **실천**한다.
- 실행 단계별 **진행 절차**를 마련한다.

단계별 성품 가정 세우기

제1단계: 관점

1 가정에 대한 책임을 집니다.

모든 부모는 훌륭한 가정을 목표로 할 것인지 아니면 그저 평범한 가정에 머물 것인지 선택의 기로에 서 있습니다. 부모로서 책임을 당당히 지고 가족을 최우선으로 삼을 것인지 아니면 부모의 책임을 회피하여 자신과 가족이 대가를 치를 것인지 둘 중에 하나를 선택하십시오.

2 성공적 가정을 목표로 정합니다.

현재의 가정 상황을 직시하고 바람직한 가정의 이상을 설정한 후, 가정의 현재 모습을 이루기 원하는 모습으로 바꾸는 데 필요한 모든 것을 쏟아 부을 때 성공적인 가정을 세울 수 있습니다. 단기적으로는 시간과 에너지를 쏟아야 하고 불편도 감수해야 하겠지만, 방향을 바로 잡으면 장기적으로는 가족 모두가 커다란 혜택을 누리게 될 것입니다.

3 성품과 성공을 연결시킵니다.

목표와 그 목표를 이루는 데 필요한 품성을 연결시키면 성품을 단련하고자 하는 강한 동기가 일어납니다. 예를 들어 트럭 운전수가 되고 싶으면 길과 교통 상황에 집중해야 하는 경청, 남의 물건을 안전하게 옮기는 책임감, 목적지까지 제시간에 도착하는 시간엄수와 같은 품성에 초점을 두어야 할 것입니다. 그러므로 여러분의 가정은 성품이 없이는 참된 성공을 이루지 못한다는 사실을 반드시 깨달아야 합니다.

4 성품 훈련에 헌신합니다.

지도자가 헌신해야 따르는 사람도 헌신하기 마련입니다. 부모가 맨 먼저 자신의 성품을 훈련하기로 결단하십시오. 그렇게 해야 지도력의 기반이 생깁니다. 뿐만 아니라, 부모가 성품 가정을 이루겠다고 선언한 이상 자녀들은 부모를 더욱 세밀히 지켜볼 것입니다. 그렇다고 자녀의 시선이 두려워서 성품 가정을 포기하지 말고 오히려 그것을 자극제로 삼으십시오. 자녀는 무엇보다 부모의 본을 보고 더 많은 것을 배웁니다.

"나는 한 사람으로 태어났고 한 사람으로 존재한다. 모든 일을 다 할 수는 없지만 할 수 있는 일도 있다. 내가 모든 일을 다 할 수 없다고 해서 내가 할 수 있는 일마저도 거절하지는 않겠다."

에드워드 에버릿 헤일

제2단계: 계획

1 한발 물러서서 돌아봅니다.
가정을 세심하게 관찰하고 평가하십시오. 어떤 장점이 있는가? 단점은 무엇인가? 장단점을 나열하고 극복할 단점과 강화할 장점의 품성을 적으십시오.

- 단점을 파악하려면 이렇게 질문하십시오. 무엇을 바꾸면 나와 우리 가족이 변할까? 나 자신 뿐 아니라 가족을 어렵게 만드는 나의 문제는 무엇인가? 자신의 부족한 점을 찾아서 그것을 부족한 품성과 연결하십시오. 예를 들어 집안이 늘 엉망이라면 정돈, 근면, 철저함, 책임감의 품성이 필요하다는 뜻입니다.

2 가정의 목표들을 적습니다.
각각의 목표를 이루기 위한 과제를 적으십시오. 과녁이 없으면 화살은 허공을 향할 수 밖에 없습니다.

- 이상적인 가정을 그려보십시오. 이상적인 가정에서 자라지 못한 사람에게는 더 큰 노력이 필요할 것입니다. 성공적인 가정을 꾸려 가는 다른 가정에게 조언을 구하는 것도 좋은 방법입니다. 그런 다음에 자신의 가정에 맞는 목표를 적으십시오.

3 계획을 세웁니다.
성품 가정이 되기 위한 속도, 순서, 방법을 구상하십시오. 한 달에 한 가지 품성에 집중하는 것이 가장 효과적입니다. 시작하기 전에 계획을 세우는 것이 여러분이 세운 목표를 달성하고 가정의 지도자로서 확신을 갖는 데 결정적입니다.

- 성품 가정 프로그램을 정기적으로 평가하여 여러분이 세운 목표를 향해 올바른 길을 가고 있는지 확인하십시오.

성품 가정을 위한
아이디어와 활동

품성을 묘사하는 그림을 그려 포스터를 만든다.

- 자녀들이 다양한 품성을 묘사하는 그림을 그려 포스터를 만든다.
- 우리 가족에게 혜택을 준 사람에게 창의적인 감사 카드를 만들어 감사를 표현한다.
- 동네 어르신과 바깥 출입을 못하는 분들께 음식을 갖다 드리고 위로한다.
- 구체적인 품성을 보여준 사람에게 성품 표창장을 수여한다. 주중에 따로 시간을 내어 가족이 보여준 품성을 서로 칭찬한다.
- 일상생활 중에 말로 성품을 되새겨준다. 예를 들면, "좋은 태도로 쓰레기를 치우려면 어떤 품성이 있어야 할까?"라고 질문한다.
- 식사 시간이나 이야기 들려주는 시간에 자연스럽게 성품에 관해 의견을 나눈다.
- 성품 훈련을 어떻게 일상생활에 접목시킬지 창의적인 아이디어를 내 보십시오. 좋은 아이디어를 보내주면 국내는 물론 전세계의 성품 가정과 함께 그것을 나눌 수 있습니다.

아이들이 읽는 동화책에서 가르치는 품성을 라벨에 적어 붙인다.
예를 들면, '아기돼지 삼형제' – 근면.

"성품은 편하고 조용히 훈련할 수 없다. 오직 시련과 고통을 겪어야만 영혼이 튼튼해지고 포부를 세우며 성공을 이룰 수 있다."

– 헬렌 켈러

단계별 성품 가정 세우기

제3단계: 실천

성품 훈련에 성공하려면 다음과 같은 요소가 필요합니다.

1. 좋은 성품의 본을 보입니다.

부모가 좋은 성품의 본을 보이는 것이야말로 가장 잘 가르치는 것입니다. 바른 태도와 바른 말과 바른 행동을 인정하고 요구하고 강조할 때 자녀들이 성품을 더욱 잘 키워 갈 수 있습니다. 부모가 좋은 성품을 보임에 따라 자녀들이 좋은 행실을 드러내는 살아있는 예를 보게 됩니다.

- 부모라고 해서 완전할 수는 없습니다. 좋은 성품을 보여주지 못했다면 용서를 구하고 서로 책임을 지고 점검하십시오. 자신의 성품을 닦는 것이 바로 주위 사람의 성품을 닦는 첫걸음입니다. 최고의 교육은 본을 보이는 것입니다. 끈을 미는 것보다 당기는 것이 훨씬 효과적입니다.

2. 좋은 성품을 칭찬합니다.

사람은 누구나 인정받고 싶어 합니다. 성품을 칭찬하면 이러한 필요를 채워주고 좋은 성품을 계속 보이도록 동기를 부여합니다. 칭찬은 성품의 본을 보인 말과 행동과 태도를 구체적으로 지적하여 그것이 어떻게 당신과 다른 사람에게 혜택을 주었는지 설명하는 것입니다. 목표는 좋은 성품을 칭찬하여 가족 저마다의 역량을 최대한 발휘하도록 돕는 것입니다.

- 성품이 행동을 좌우하므로 성취보다 성품을 칭찬하는 것이 더 유익합니다. 부모가 성품보다 성취를 더 높이 칭찬하면 형제간에 서로 긴장과 경쟁이 생길 수 있습니다. 철수가 좋은 성적을 받은 것을 칭찬하면 좋은 성적을 내지못한 영희는 시기하거나 낙담할 수 있습니다. 그러나 부지런히 공부한 철수의 근면성을 칭찬하면 영희는 자기도 열심히 공부하겠다는 동기가 생기게 됩니다. 사람은 누구나 똑같이 좋은 성품을 발휘할 능력을 갖고 있습니다.

성취를 칭찬하기 對 성품을 칭찬하기

- **성취:** "네 방이 참 깨끗하구나. 청소해줘서 고맙다."
  성품: "방을 깨끗하게 청소한 너의 정돈과 열성이 고맙구나. 네가 마음을 다해 청소한 것이 보인다."
  ('일을 끝내는 것'을 칭찬하면 허섭스레기를 침대 밑이나 옷장 속에 쑤셔 넣는 안이한 방법을 택할 수 있지만, 성품을 칭찬하면 그렇지 않다.)

- **성취:** "네가 잘해서 네 팀이 이겼어. 뭔가를 확실히 보여줬어."
  성품: "축구 경기 내내 너의 끈기와 투지가 돋보였다. 힘들 때에도 끈기 있게 버텨줘서 고맙다."

> "좋은 동기에서 나오지 않았다면 좋은 행동이라고 할 수 없다."
>
> 노아 웹스터

3 좋은 성품을 **가르칩니다.**

성품을 가장 효과적으로 가르치는 방법 중의 하나는 품성의 특성을 기억하기 쉽고 오래 인상에 남는 것과 연결하여 정의하고 설명하는 것입니다. 예를 들어 아이가 게으름을 피우면 부모는 아이에게 비버의 특성을 가르칠 수 있습니다. 비버가 얼마나 부지런한지, 비버가 무슨 일을 하길래 부지런하다는 것인지를 보여주면 아이는 근면의 본질을 이해하게 됩니다.

나중에 아이가 게으름을 피우거나 새로운 과제를 맡게 될 때는 "비버를 기억해!" 또는 "비버처럼 부지런히 할 수 있는지 한번 보자꾸나!"라고 하여 실생활에 연결시키는것이 중요합니다. 품성에 대해 많이 알고 이해할수록 일상 생활에 적용하기가 쉽습니다.

- 매일 아침 그 달의 품성을 가족에게 상기시키고 저녁 식사 때 하루 동안 그 품성을 어떻게 적용했는지를 서로 나눕니다. 이렇게 하면 부모는 그날 품성을 어떻게 배웠는지, 또 품성을 드러낼 때 어떤 유익이 있었고 그렇지 못했을 때 어떤 결과가 있었는지를 함께 설명할 수 있습니다.
- 자녀가 품성의 정의를 쓰거나 그 품성을 잘 보여주는 동물을 그리게 하여 품성의 특성을 자녀의 사고 속에 심어 주십시오. 큰 아이들은 카드에 품성의 정의를 써서 거울에 붙이거나 자동차에 두거나 주머니에 넣고 다닐 수 있습니다. 컴퓨터가 있으면 바탕화면이나 화면보호기에 넣어도 좋습니다.

부모는 자녀의 일상 활동을 함께 하면서 좋은 성품을 장려할 수 있다.

4 좋은 성품을 **인정합니다.**

매 순간 결정을 내릴 때마다 우리는 좋은 성품을 드러내거나 좋은 성품이 없음을 드러내게 됩니다. 우리의 말과 행동과 태도를 품성의 정의에 비추어 보면 일상생활에서 어떤 품성이 드러나고 어떤 품성이 드러나지 못하는지 알 수 있습니다. 품성의 정의는 '잣대'와 같습니다. 생활에 품성을 적용할수록 이 '잣대'로 우리의 행실을 평가하여 열심히 훈련해야 할 부분이 무엇인지를 알 수 있습니다.

5 좋은 성품을 목표로 **바로잡습니다.**

부모는 자녀를 바로잡고 훈계할 책임이 있습니다. 부모가 바로잡아 주는 것이 효과를 거두려면 평소 부모와 자녀의 관계가 좋아야 합니다. 부모가 자녀에게 진심으로 관심과 흥미를 보일 때 바른 관계가 정립됩니다.

바른 바로잡음은 분노에서 나오는 것이 아니라 사랑에서 출발합니다. 부모는 자녀를 위해 각각의 행동 기준을 정해야 합니다. 바로잡음의 바탕은 성품입니다. 바로잡는 것의 목적은 자녀에게 유익을 주고 부모와 자녀 사이에 불순종으로 인해 손상된 관계를 회복하는 것입니다. 성품에 근거하여 바로잡아 주면 자녀는 좋은 성품이 결국 부모의 인정을 얻는 길임을 배우게 됩니다.

- 바로잡을 때는 즉시 하되 비공개로 해야 합니다. 말을 듣지 않은 아이는 자기가 한 일이 잘못임을 사실 그대로 인정하는 책임감을 배워야 합니다. 부모는 "네가 진실했니?" "네가 감사했니?" "긍휼을 베풀었니?" 등과 같은 질문을 통해 자녀를 일깨울 수 있습니다. 일단 얼마나 잘못했는지 알면 아이는 좋은 성품을 적용할 수 있습니다. 제대로 바로잡아 주면 죄책감이나 후회를 하는 것이 아니라 마음이 변화되고 행동이 긍정적으로 변화하게 됩니다. 바로잡아 주는 목적은 깨진 관계를 회복하여 자녀가 자기의 유익을 위해 좋은 성품을 향해 나아가도록 방향을 잡아주는 것입니다.

"정의롭고 올바른 일을 옹호하다 죽겠노라."

아브라함 링컨

"가장 가까운 임무를
마쳐라. 그러면
다음 임무가
선명해지리라."

괴테

단계별 성품 가정 세우기

제4단계: 진행 절차

1 가족이 함께 모입니다.
특별 가족 회의를 합니다.
- 성품에 얼마나 우선순위를 두느냐에 따라 가족들이 성품의 중요성을 가늠하게 됩니다.

2 중요성을 설명합니다.
가정의 성공에 성품이 얼마나 중요한지 그리고 성품 가정이 무엇을 의미하는지 설명합니다.
- 가족에게 좀더 많은 시간을 함께하고 싶다고 말하십시오. 자신과 가족에게 함께 해결해가야 할 과제가 있음을 알리십시오. 성품 가정을 이끌기에 앞서 처리해야 할 잘못이 있으면 가족에게 자신을 겸손히 낮추고 해결하십시오. 그러나 지킬 준비가 되어 있지 않은 서약은 하지 마십시오.

3 성품 가정 결의문을 가결합니다.
성품 가정 결의문을 채택한 것은 가족이 함께 성품을 단련하겠다는 서약임을 설명합니다. 결의문을 액자에 넣어 가족들이 늘 볼 수 있는 가장 좋은 장소에 걸어둡니다.
- 하고 싶은 대로 최대한 멋지게 만드십시오. 어린 아이들은 그럴 듯한 것을 무척 좋아하고, 젊은이들도 생각보다 이런 것을 매우 좋아합니다. 가족 모두가 성품 가정의 일원이 된 것을 특권으로 느끼도록 만드십시오.

4 계획을 알립니다.
한 달 또는 달리 정한 기간 동안 한 가지 품성만 훈련한다고 가족에게 알리십시오. 가족이 함께 품성의 정의를 외우고 집안, 학교, 일터, 놀이터에서의 일상생활에 적용할 방법을 찾아봅니다. 그러면 가족들은 다음 가족 모임에서 어떻게 품성을 적용했고 어떤 결과를 얻었는지 나눌 수 있습니다.

주간별 성품 가정 세우기

대부분의 학교, 직장, 가정에서는 한 달에 한 가지 품성에 집중하는 것이 가장 효과적입니다. 다음은 성품 가정이 처음 시작할 때 활용할 수 있는 4주 교육 계획의 본보기입니다. 처음에는 이 방식을 그대로 사용해도 좋습니다. 훈련을 계속하다 보면 나름의 훈련법이 쌓여 독창적인 성품 훈련 계획을 새롭게 세워 적용할 수 있을 것입니다.

저녁을 먹으면서 아이들에게 하루 동안 이달의 품성을 어떻게 적용할 수 있었는지 묻는다.

첫째 주:
- 이달의 품성 정의와 '나의 결심'을 읽는다.
- 온 가족이 이달의 품성을 훈련하여 보여줄 목표를 논의한다.
- 동물과 위인 이야기를 읽는다.
- 한 사람씩 돌아가며 이달의 품성이 자기에게 무엇을 뜻하는지 설명한다.
- 이달의 품성을 잘 드러내거나 전혀 드러내지 못하는 실제 상황을 연출해 본다.

- 이달의 품성을 보여준 가족이나 친구의 이름을 목록에 적는다.
- 아이들은 재미있게 동물을 그리거나 색칠한다.
- 잘 보이는 곳에 이달의 품성과 정의를 담은 포스터를 붙인다.

둘째 주:
- 가족이 함께 큰 소리로 정의를 말한다.
- 기억을 더듬어 동물과 위인에 대한 핵심 내용을 말한다.
- 가정에서의 이달의 품성 적용하기와 보상을 읽는다.
- 품성 적용하기가 가정에 어떻게 연결되는지 의견을 나눈다.
- 다음 주에 가족이 함께 개선할 방법을 구체적으로 의논한다.
- 보상에 대해 이야기를 나누고 다음 주에 있을 혜택을 기대한다.
- 첫 번째와 두 번째 '나의 결심'을 외운다.
- 이달의 품성 정의를 외운다.

집안 허드렛일을 정돈, 철저함, 기쁨과 같은 품성을 기르는 기회로 삼는다.

가족들이 한 사람씩 돌아가며 생일을 맞은 가족의 품성을 칭찬하여 생일을 더욱 뜻깊게 보낸다.

셋째 주:
- 한 사람씩 돌아가며 정의를 보지 않고 말한다.
- 세 번째와 네 번째 '나의 결심'을 읽는다.
- 한 사람씩 '나의 결심'을 어떻게 적용했는지 나눈다.
- 한 사람씩 지난 주에 체험한 보상을 설명한다.
- 이달의 품성을 구체적으로 적용한 가족 모두에게 서로서로 감사의 편지를 쓴다.

청소년들이 품성이 목표 달성에 어떻게 유익한지 발견하면 그 품성을 계발하고 싶은 의욕이 생길 것이다.

넷째 주:
- 암기한 정의를 복습한다.
- 다섯 번째 '나의 결심'을 읽는다.
- 한 사람씩 이번 주에 어떻게 '나의 결심'을 적용했는지 이야기한다.
- '나의 결심' 전체와 정의를 암송하고 복습한다.
- 가족이 함께 이달의 품성을 잘 떠올릴 수 있는 '수달처럼 기쁘게' 또는 '비버처럼 부지런히'와 같은 문구를 고른다.
- 상과 보상으로 축하한다. 이달의 품성 보상에 맞게 특별상을 준다.

가족이 서로의 삶에 시간과 에너지를 투자할수록 관계는 더욱 강화된다.

이러한 단계별 지침을 통해 성품 가정을 세워가는 진정한 성공을 향한 모험을 떠날 수 있습니다. 그러나 성품가정을 어떻게 세울지 가장 잘 배우는 길은 일단 시작하는 것입니다.

즐겁게 시작하십시오!

성품가정 세우기

"다른 사람의 발전을 꾀할 때만 우리는 영원히 성공한다."

하베이 S. 파이어스톤

"명성은 연기와 같고,
인기는 우연한 사고이며,
부는 날아가지만,
오직 성품만이 끝까지 남는다."

호레이스 그릴레이

"세상에서 최고의 낭비는 현재 우리 자신의 모습과
우리가 갖출 수 있었던 모습의 차이다."

존 그라임스

진정한 성공의 길

성품 가정 세우기

성공을 위한 49가지 품성

성품 가정 세우기

이제부터는 가정에서 활용할 수 있는 자료를 소개하겠습니다. 진정한 성공에 꼭 필요한 49가지 핵심 품성입니다. 품성 하나하나를 쉽게 이해하여 일상생활에 적용할 수 있도록 자세히 설명하고 있습니다. 대부분의 가정, 학교, 직장에서는 한 달에 한 가지 품성에 집중하는 것이 효과적입니다.

오른 쪽 페이지에 예로 든 품성에 대한 상세 설명은 아래와 같습니다.

가 각 **품성**은 가나다순으로 정리되어 있습니다.
적용 방법: 가족의 성품 모임에서 품성을 소개하고 한 달 동안 가족들에게 그 품성을 거듭 상기시킵니다.

나 **반대** 품성은 품성의 의미를 더 분명하게 합니다.
적용 방법: 품성이 성공에 직결되듯이 반대 품성은 실패로 이끕니다. 가족들은 자기에게 나타나는 반대 품성을 정확히 알아 특별히 주의를 집중해야 할 품성이 무엇인지 확인할 수 있습니다.

다 품성의 **정의**는 제일 중요한 요소입니다. 이 실천적 정의는 옳은 일을 아는 데 그치지 않고 반드시 행해야 하기 때문에 행동에 초점이 맞춰져 있습니다.
적용 방법: 그 달의 품성 정의를 암송합니다. 집안에 품성 정의 액자나 포스터를 붙이고 정의의 각 낱말에 맞게 몸동작을 만들고 암기 놀이를 개발하는 등의 창의성을 발휘하면 암기가 더욱 쉬워집니다.

라 **동물** 이야기에는 좋은 성품에 대한 통찰력이 풍부합니다.
적용 방법: 동물 이야기는 추상적인 품성을 구체적으로 이해하는 데 많은 도움이 됩니다. 특히 어린이를 가르치는 데 효과적입니다.

마 우리의 모습이 적나라하게 드러나는 **가정에서** 품성이 꾸준히 나타나야 비로소 품성을 제대로 배운 것입니다.
적용 방법: '가정에서의 품성'은 가정에서 품성을 적용하는 방법을 제시하고 있습니다. 이것은 품성을 구체적으로 생활화하고 더 많은 아이디어와 의견을 내도록 격려하기 위해서입니다.

바 품성을 실제로 적용하면 그에 따르는 **보상**을 기대할 수 있습니다. 좋은 성품에 근거하여 결정을 내리는 것은 땅에 씨앗을 심는 것과 같습니다. 시간은 걸리지만 좋은 결과를 얻게 됩니다. 여기서는 몇 가지 보상만 소개합니다.
적용 방법: 자녀에게 이런 보상을 원하냐고 묻습니다. 이런 보상을 얻으려면 무엇을 해야 하는지를 가르칩니다. 보상에 대한 기대감을 심어주는 것은 훌륭한 동기부여가 됩니다.

사 성품을 훈련한다는 것은 일상생활에 구체적인 품성을 적용하여 결정을 내리는 것입니다. '**나의 결심**'은 한 가지 품성을 다섯 가지 구체적인 **서약**으로 나눠 놓았습니다.
적용 방법: 가족과 함께 '나의 결심'을 큰소리로 말합니다. 서로 도와 전부 암송합니다. 자녀가 말을 듣지 않으면 서약한 나의 결심을 떠올리게 합니다.

아 **성품 위인** 이야기는 실제 이야기로, 이들이 보여준 탁월한 품성은 세월을 초월하여 인정받았고 이를 실천한 많은 사람들에게 커다란 보상을 가져다 주었습니다.
적용 방법: 가족에게 성품 위인 이야기를 들려줍니다. 그 위인을 더 깊이 조사해 보고 다른 위인들도 직접 찾아봅니다.

자 **격언**은 품성에 대한 오래된 지혜를 전달하여 훌륭한 사상과 행동을 고취시킵니다. **아름다운 자연풍경**은 좋은 성품이 이처럼 아름답다는 것을 보여 줍니다.
적용 방법: 즐겁게 감상하십시오!

성품 가정의 궁극적인 목표...
가정의 화목

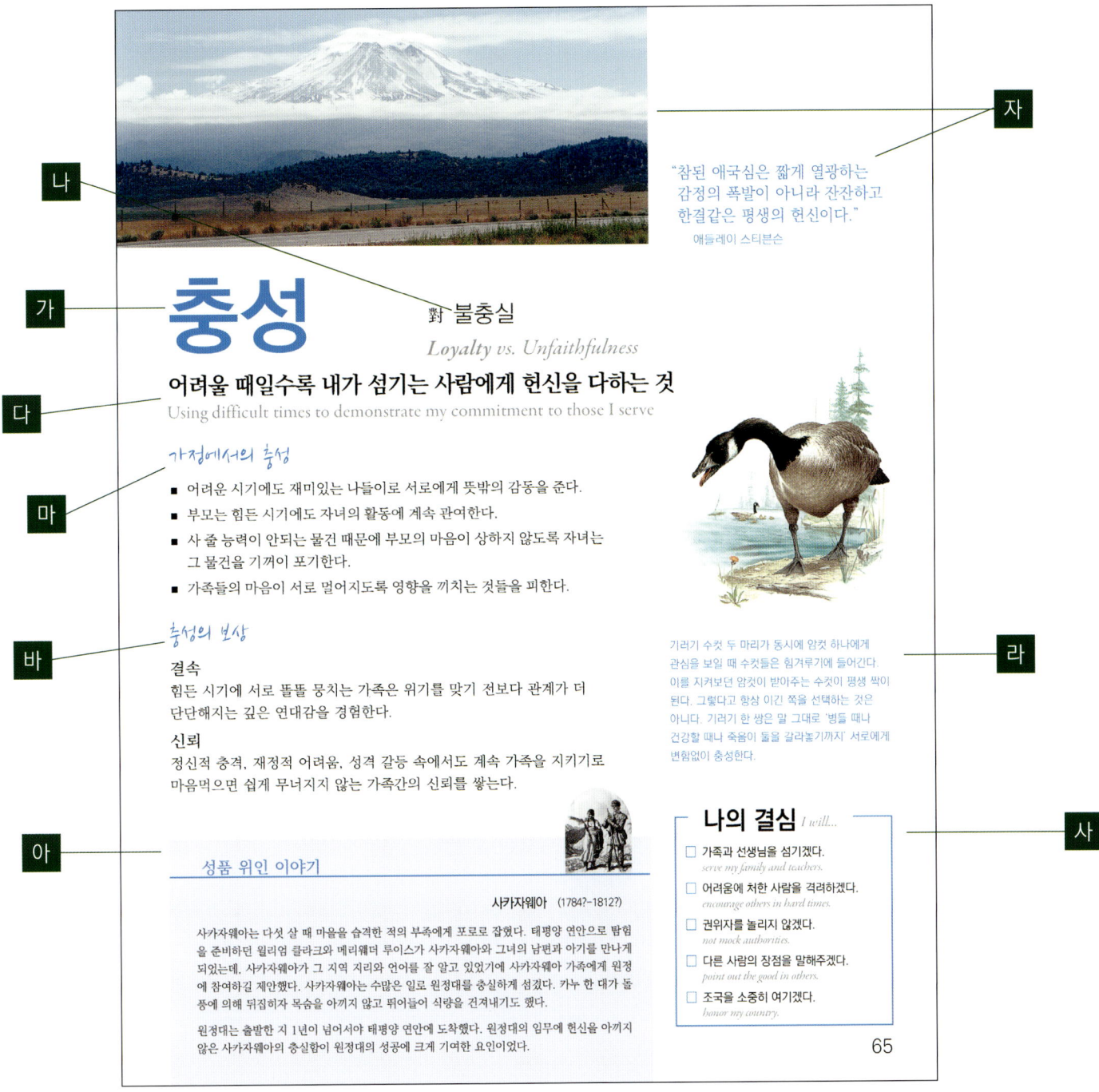

충성

對 불충실

Loyalty vs. Unfaithfulness

어려울 때일수록 내가 섬기는 사람에게 헌신을 다하는 것
Using difficult times to demonstrate my commitment to those I serve

"참된 애국심은 짧게 열광하는 감정의 폭발이 아니라 잔잔하고 한결같은 평생의 헌신이다."
애들레이 스티븐슨

가정에서의 충성

- 어려운 시기에도 재미있는 나들이로 서로에게 뜻밖의 감동을 준다.
- 부모는 힘든 시기에도 자녀의 활동에 계속 관여한다.
- 사 줄 능력이 안되는 물건 때문에 부모의 마음이 상하지 않도록 자녀는 그 물건을 기꺼이 포기한다.
- 가족들의 마음이 서로 멀어지도록 영향을 끼치는 것들을 피한다.

충성의 보상

결속
힘든 시기에 서로 똘똘 뭉치는 가족은 위기를 맞기 전보다 관계가 더 단단해지는 깊은 연대감을 경험한다.

신뢰
정신적 충격, 재정적 어려움, 성격 갈등 속에서도 계속 가족을 지키기로 마음먹으면 쉽게 무너지지 않는 가족간의 신뢰를 쌓는다.

기러기 수컷 두 마리가 동시에 암컷 하나에게 관심을 보일 때 수컷들은 힘겨루기에 들어간다. 이를 지켜보던 암컷이 받아주는 수컷이 평생 짝이 된다. 그렇다고 항상 이긴 쪽을 선택하는 것은 아니다. 기러기 한 쌍은 말 그대로 '병들 때나 건강할 때나 죽음이 둘을 갈라놓기까지' 서로에게 변함없이 충성한다.

성품 위인 이야기

사카자웨아 (1784?–1812?)

사카자웨아는 다섯 살 때 마을을 습격한 적의 부족에게 포로로 잡혔다. 태평양 연안으로 탐험을 준비하던 윌리엄 클라크와 메리웨더 루이스가 사카자웨아와 그녀의 남편과 아기를 만나게 되었는데, 사카자웨아가 그 지역 지리와 언어를 잘 알고 있기에 사카자웨아 가족에게 원정에 참여하길 제안했다. 사카자웨아는 수많은 일로 원정대를 충실하게 섬겼다. 카누 한 대가 돌풍에 의해 뒤집히자 목숨을 아끼지 않고 뛰어들어 식량을 건져내기도 했다.

원정대는 출발한 지 1년이 넘어서야 태평양 연안에 도착했다. 원정대의 임무에 헌신을 아끼지 않은 사카자웨아의 충실함이 원정대의 성공에 크게 기여한 요인이었다.

나의 결심 *I will...*

- ☐ 가족과 선생님을 섬기겠다.
  serve my family and teachers.
- ☐ 어려움에 처한 사람을 격려하겠다.
  encourage others in hard times.
- ☐ 권위자를 놀리지 않겠다.
  not mock authorities.
- ☐ 다른 사람의 장점을 말해주겠다.
  point out the good in others.
- ☐ 조국을 소중히 여기겠다.
  honor my country.

65

성공을 위한 49가지 품성 일람표

감사	20	끈기	30	순종	40	유연성	50	지혜	60
검약	21	담대함	31	시간엄수	41	유용성	51	진실성	61
겸손	22	덕	32	신뢰성	42	의지력	52	창의성	62
경각심	23	만족	33	신실	43	인내	53	책임감	63
경청	24	민감성	34	신중	58	자원선용	54	철저함	64
공경	25	믿음	35	안정	45	절제	55	충성	65
과단성	26	분별	36	열성	46	정돈	56	포용	66
근면	27	사랑	37	온유	47	정의	57	환대	67
긍휼	28	설득	38	온화함	48	조심성	44	후함	68
기쁨	29	솔선	39	용서	49	존중	59		

"감사는 마음의 기억이다."
장 마슈

가정에서의 감사

- 가족을 대신하여 집안 허드렛일을 한다.
- 부모는 자녀에게 "난 널 믿는다. 너와 한 가족인 것이 기쁘다."라고 자주 말한다.
- 먹을 것을 마련하느라 수고하신 부모님께 "감사합니다."라고 말한다.
- 서로의 생일을 기억하고 축하하여 감사와 사랑을 느끼게 한다.
- 서로에게 중요한 일을 하여 고마움을 표현한다.

감사의 보상

기쁨
낙담은 다른 사람이 우리 삶에 준 다양한 혜택을 간과하거나 잊어서 생기는 결과이다.

우정
참사랑은 서로 필요하고 고마운 사람임을 깨닫는 것에서 비롯한다.

나의 결심 *I will...*

- 부모님과 선생님께 고마움을 표현하겠다.
  show my parents and teachers that I appreciate them.
- 감사 편지를 쓰겠다.
  write "thank you" notes.
- 물건을 잘 간수하겠다.
  take care of my things.
- 가진 것에 만족하겠다.
  be content with what I have.
- 부담보다 혜택을 생각하겠다.
  count my benefits rather than my burdens.

호저는 숲 속 다른 동물에게 해를 끼치지 않는 방어적인 동물이라 효과적인 방어수단이 없으면 살아남지 못할 것이다. 새끼 호저는 자신을 보호하는 가시 같은 털 33,000개를 사용하는 법을 배운다. 호저는 시력이 형편없지만 남다른 특별한 재능을 가진 것에 만족한다.

감사 對 감사하지 않음
Gratefulness vs. Unthankfulness

다른 사람이 내 삶에 어떻게 혜택을 주었는지 말과 행동으로 알려주는 것

Letting others know by my words and actions how they have benefited my life

검약 對 사치
Thriftiness vs. Extravagance

나 자신은 물론 다른 사람도 꼭 필요한 것만 쓰도록 하는 것
Allowing myself and others to spend only what is necessary

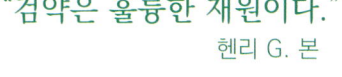
"검약은 훌륭한 재원이다."
헨리 G. 본

가정에서의 검약

- 수입 예산을 짜고 각 지출을 평가할 지침을 만든다.
- 예산에 맞추기 위해 특가판매나 지나친 쇼핑의 유혹을 피한다.
- 부모는 자녀에게 수입과 지출의 예산을 세우고 우선순위와 목표를 정하는 방법을 가르친다.
- 돈과 시간을 현명하게 투자하여 장래 목표를 준비한다.

검약의 보상

공급
불필요한 경비를 줄이면 온 가족 모두가 즐길 수 있는 필수품을 살만한 돈을 갖게 된다.

성취
활동의 우선순위를 정하면 중요하지 않은 일에 시간과 에너지를 낭비하지 않아도 된다. 결국 큰 일을 이루게 되고 작은 일은 대개 저절로 해결된다.

작은 포유동물이 주식으로 삼는 유칼립투스 잎은 영양분이 너무 적으므로 코알라는 소중한 에너지를 신중하게 사용한다. 코알라는 에너지를 최대한 절약하려고 나뭇가지 사이를 아주 천천히 움직여 힘의 손실을 피한다.

나의 결심 *I will...*

- 더 아끼고 덜 쓰겠다.
  save more and spend less.
- 이미 가지고 있는 것을 잘 활용하겠다.
  make good use of what I already have.
- 최상의 가치를 찾겠다.
  look for the best value.
- 돈과 시간과 에너지의 예산을 짜겠다.
  budget my money, time, and energy.
- 원하는 것을 필요한 것으로 혼동하지 않겠다.
  not confuse what I need with what I want.

오랜 세월 여행자의 짐꾼이 되어준 당나귀는 겸손의 상징이다. 남을 섬기고 다음에 봉사할 일을 뒷전에서 묵묵히 기다리는 온순한 태도로 인해 당나귀는 어느 나라에서나 가치 있는 동물로 여긴다.

가정에서의 겸손

- 좋은 결정을 내리도록 조언하고 목표를 달성하도록 도와준 것을 서로 칭찬한다.
- 시간과 수고를 아끼지 않고 성공을 도와준 가족에게 고마움을 표현한다.
- 자녀는 부모님이 자기를 뒷바라지하느라 돈과 시간과 에너지를 희생하신 것을 인정한다.

"높은 자리에 오를수록 더 겸손하게 행동해야 한다."
— 키케로

겸손 對 거만
Humility vs. Arrogance

내가 성취한 것은 다른 사람 덕분임을 인정하는 것
Acknowledging that achievement results from the investment of others in my life

---

일을 혼자서 하려고 하면 어떻게 될까?

겸손하지 못한 대가는 다음의 사고 보고서에서 드러나듯이 고통스러울 수 있다.

"사고의 원인이 단순히 일을 혼자서 처리하려고 한 것이었다는 지난 번 보고에 대한 보다 상세한 진술 요청을 받고 다음과 같이 답변을 드립니다.

제 직업은 벽돌공입니다. 사고 당일 6층 건물 지붕 위에서 작업을 마쳤을 때 남은 벽돌은 230킬로그램 정도였습니다. 다른 사람의 도움을 청하지 않고 혼자서 남은 벽돌을 모두 한 통에 넣어 도르래로 내리기로 했습니다. 벽돌을 통에 다 실은 후 지상으로 내려와 묶인 밧줄을 풀고 벽돌 230킬로그램이 천천히 내려오도록 밧줄을 단단히 붙잡았습니다. 사고 보고서에 쓴 대로 제 몸무게는 60킬로그램입니다. 갑자기 몸이 땅에서 솟구쳐 오르는 바람에 정신을 잃고 밧줄을 놓아야 하는 것도 잊었습니다. 저는 건물 벽 사이로 빠르게 딸려 올라갔습니다. 이때 3층 부근에서 내려오는 벽돌을 담은 통에 머리를 부딪혀 두개골에 금이 가고 쇄골이 부러졌습니다. 몸은 계속 딸려 올라가 오른손 손가락 두 마디가 도르래 속으로 끼어들었습니다.

그제서야 정신을 차리고 통증을 참으며 밧줄을 꼭 붙잡았습니다. 그때 벽돌이 든 통이 땅에 부딪히고 통 밑바닥이 터져 벽돌이 쏟아지면서 통 무게가 20킬로그램으로 줄어들었습니다. 제 몸무게는 이미 말씀 드렸죠.

상상이 가시겠지만 저는 다시 건물 벽을 타고 쏜살같이 떨어지다가 3층 쯤에서 올라오는 벽돌통에 또다시 부딪혔습니다. 이때 두 발목이 부러지고 하체에 열상을 입었는데, 제 몸이 통에 부딪히는 바람에 속도가 줄면서 벽돌 더미에 떨어져 다행히 척추골 세 개만 금이 갔습니다.

그러나 유감스럽게도 통증이 너무 심해 일어나지 못하고 벽돌 위에 누워 6층 위에 올라가 있는 빈 통을 바라보다가 그만 정신을 잃고 밧줄을 놓고 말았습니다. 통이 밧줄보다 무거우니 당연히 아래로 떨어지면서 이 통이 저를 덮쳤고 저는 다시 두 다리가 부러졌습니다.

이만하면 사고 경위 보고로 충분하리라 생각합니다. 분명한 것은 사고는 저 혼자서 일을 하려고 했기 때문에 생긴 것입니다."

겸손의 보상

지혜
자신이 이룬 성취 속에 다른 사람들의 많은 공로가 숨어 있음을 깨달을 때 더 깊은 지혜를 얻게 된다.

공경
자신이 주목 받기 위해 떠들지 않고 늘 남에게 공로를 돌리는 사람은 다른 사람에게 존경을 받는다. 권위자는 겸손한 사람을 높이고 싶어 한다.

나의 결심 *I will...*

- 다른 사람이 날 위해 한 일을 기억하겠다.
  remember what others have done for me.
- 자랑하거나 우쭐대지 않겠다.
  not boast or brag.
- 인정 받지 못해도 섬기겠다.
  serve without being recognized.
- 칭찬을 다른 사람에게 돌리겠다.
  pass on praise to others.
- 어떤 일도 하찮게 여기지 않겠다.
  never be "too high" for a job.

"모두 잠들었을 때 그대는 깨어 경계하라."
셰익스피어

경각심

對 부주의
Alertness vs. *Carelessness*

바르게 대처할 수 있도록 주변 상황을 의식하는 것
Being aware of what is taking place around me so I can have the right responses

경각심이 뛰어난 꿩은 천적의 행동을 미리 알아채고 공격 당할 때 일어날 치명적인 사태를 피한다. 이 새는 놀라운 기지와 뛰어난 경각심으로 좀처럼 잡히지 않으며 잘 번식한다.

가정에서의 경각심

- 가족이 평소에 보여준 좋은 품성을 찾아 칭찬한다.
- 겉으로 괜찮아 보이는 활동이라도 좋지 않은 영향을 주고 나쁜 친구를 사귀게 할 수 있음을 감지한다.
- 나쁜 친구의 관심을 끌게 되고 윗사람의 신뢰를 잃게 만드는 특정 활동과 옷의 유형을 유의한다.
- 집안의 물건과 가족의 건강을 예방 차원에서 관리한다

경각심의 보상

안전
경각심이 있는 가정은 위험을 보고 피할 수 있게 된다.

준비성
경각심이 있는 가정은 상황과 주변 환경을 사전에 간파하므로 능히 대비할 수 있다.

나의 결심 *I will...*

- 눈과 귀를 열어 두겠다.
  keep my eyes and ears open.
- 경고신호를 유의하여 따르겠다.
  recognize and heed warning signals.
- 딴생각이 들기 전에 옳은 일을 택하겠다.
  choose to do right before I am tempted.
- 다른 사람에게 위험을 알리겠다.
  tell others of danger.
- 안전하지 않은 곳에는 가까이 가지 않겠다.
  stay away from unsafe places.

경청 　對　산만
Attentiveness vs. *Distraction*

상대방이나 맡은 일에 모든 주의를 집중하여 그 가치를 보여주는 것
Showing the worth of a person or task by giving my undivided concentration

꽃사슴은 매우 예민한 귀와 좋은 시력과 예리한 후각을 지니고 있다. 그러나 사슴의 경청 능력은 이런 탁월한 감각만이 다는 아니다. 사슴은 무엇을 보거나 듣거나 냄새 맡을 때에 거기에 정신을 집중한다. 특별히 예민한 귀로 미세한 소리에도 재빨리 반응하여 사냥꾼이 쏜 화살 소리를 듣고 이를 잽싸게 피할 만큼 민첩한 동물이다.

가정에서의 경청

- 가족이 아이디어를 내놓기가 무섭게 짜증을 내거나 결점을 찾아내기보다 세심하게 듣고 서로 지원한다.
- 가족의 활동에 관심을 보여 사기를 북돋워준다.
- 따로 시간을 내어 가족의 조언과 관심사를 귀담아듣는다.
- 가족을 한 사람씩 따로 만나 시간을 함께 보내고 관심사를 들어주어 자긍심을 일깨운다.
- 가족들이 좋아하는 것을 알아두어 생일을 축하하거나 특별한 날을 기념할 때 감동을 더한다.

경청의 보상

존경
경청하는 사람은 남의 의견을 존중해준 만큼 자기 의견도 존중받으므로 다른 사람들의 존경을 받는다.

지식의 열쇠
가능한 한 많이 질문하고 그 답을 주의 깊게 듣는 것이 배움의 비결이다.

나의 결심 *I will...*

- 내게 말하는 사람을 똑바로 쳐다보겠다.
  look at people when they speak to me.
- 이해할 수 없으면 질문하겠다.
  ask questions if I don't understand.
- 똑바로 앉고 똑바로 서겠다.
  sit or stand up straight.
- 다른 사람의 주의를 끌지 않겠다.
  not draw attention to myself.
- 다른 사람의 방해에도 집중력을 잃지 않겠다.
  not be distracted by others.

"경청을 잘하는 사람은 어디서나 환영받을 뿐 아니라, 풍부한 지식을 얻게 된다."

월슨 미즈너

"존경할 줄 아는 사람이 되는 것은 존경 받을 만한 사람이 되는 것만큼이나 힘들다."

요셉 쥐베르

공경

對 경시

Reverence vs. Disrespect

다른 사람을 더 높은 사람의 대리인으로 여겨 받드는 것

Respecting others because of the higher authorities they represent

나의 결심 *I will...*

- 지도자를 공경하겠다.
  respect my leaders.
- 모든 사람을 정중하게 대하겠다.
  treat everyone with dignity.
- 지역의 관습을 존중하겠다.
  respect the customs of the land.
- 빈정거리지 않겠다.
  not be sarcastic.
- "모든 사람은 평등하게 창조되었다."는 것을 기억하겠다.
  remember that "all men are created equal."

가정에서의 공경

- 부모, 고용주, 공무원, 경찰관에 대해 긍정적으로 말한다.
- 권위자 앞에서 똑바로 서고, 눈을 마주보고, 바른 호칭으로 부르며 예의를 갖춰 공경을 표한다.
- 자녀는 귀가 시간이 늦어지면 집에 전화하고, 허락을 받아 행동하고, 눈을 마주보고, 입안에서 웅얼대지 않고 꾸부정한 자세를 피하여 부모님께 공경을 보여준다.

공경의 보상

공경
권위자에게 공경을 표하면 주목을 받는다. 권위자는 공경심이 투철한 사람의 삶에 관심을 가지고 귀하게 여겨 더 큰 책임을 맡긴다.

칭찬
예의가 바르고 품행이 단정한 사람은 사람들의 주목을 받는다. 높은 지위의 권위자는 이런 사람을 다른 사람에게 칭찬한다.

미국 개척시대 초기 무게가 1.3톤이나 되는 대평원의 들소는 수천 마리씩 무리를 지어 우두머리 수컷 들소가 이끄는 대로 이동했다. 우두머리 들소가 먹을 것이 있는 새로운 장소로 이동하면 바로 뒤에 있는 들소부터 따라간다. 너무 멀리 있어 우두머리를 볼 수 없는 들소는 자기 앞에 있는 들소를 뒤따른다.

오소리는 의지가 강한 동물이다. 어려움에 직면하면 피할 것인지 맞설 것인지 바로 결정하고 전력을 다해 그 결정을 행동에 옮긴다.

가정에서의 과단성

- 바람직한 품성을 습관으로 삼아 좋은 성품을 갖추겠다는 가족의 결단을 확고히 다진다.
- 순간적인 충동에 따라 경솔하게 결정하지 않고 가족과 상의를 거쳐 최종 결정을 내린다.
- 많은 사람이 좋아하는 의견이 아니라 성품을 우선시하는 가정에 걸맞은 결정을 내린다.
- 결정을 미루지 않도록 서로 책임 점검을 한다.

과단성의 보상

성공
최종 결정을 내리기 전에 여러 사람에게 현명한 조언을 구하면 성공이 보장된다.

신뢰
결정을 미루면 혼란을 초래하고 시간을 낭비하기 쉽다. 그러나 이미 정해 놓은 가정의 기준에 따라 결정을 내리면 가족들은 그 결정을 더욱 확신하게 된다.

과단성 對 우유부단
Decisiveness vs. Procrastination

중심 요소를 파악하여 어려운 결정을 과감하게 내리는 능력
The ability to recognize key factors and finalize difficult decisions

나의 결심 *I will...*

- 뒤돌아보지 않겠다.
  not look back.
- 말한 대로 하겠다.
  do what I say.
- 옳은 결정을 하고 그것을 고수하겠다.
  make the right decision and stick to it.
- 마음을 정하기 전에 다양한 관점으로 살펴보겠다.
  look at things from more than one point of view before making up my mind.
- 주위의 압력에 굴복하지 않겠다.
  not give in to peer pressure.

"성급하게 결정하지 말라. 한번 내린 결정은 되돌릴 수 없다."

롱펠로

근면 對 나태함
Diligence vs. Slothfulness

맡겨진 일을 완수하려고 시간과 힘을 쏟는 것
Investing my time and energy to complete each task assigned to me

나의 결심 *I will...*
- 계획한 일을 끝내겠다.
  finish my projects.
- 일을 바르게 하겠다.
  do a job right.
- 지시를 따르겠다.
  follow instructions.
- 나의 일에 집중하겠다.
  concentrate on my work.
- 게으름을 피우지 않겠다.
  not be lazy.

가정에서의 근면
- 부모는 가정의 비전과 목표를 세우기 위해 시간과 노력을 투자한다.
- 가족이 매주 끝내야 할 일을 계획하고 우선순위를 정하도록 돕는다.
- 매일 일정표를 작성하여 시간을 가장 현명하게 사용한다.
- 자기 책임을 다하고 가족들도 각자 책임을 다하도록 전심으로 돕는다.

근면의 보상

방향
근면한 사람은 삶의 비전이 뚜렷해서 목표를 이루기 위해 유용한 시간과 기회를 놓치지 않는다. 게으른 사람은 늘 미꾸라지처럼 빠져나갈 궁리만 하지만 부지런한 사람은 자신이 갈 길을 확실히 안다.

승진
자신의 기술과 재능을 부지런히 사용하는 사람은 좋은 기회와 직위를 결코 놓치지 않는다.

'비버처럼 바쁘다'는 말은 비버의 성공 비결인 근면성을 칭찬하는 말이다. 비버는 가만히 있는 법이 거의 없다. 계속해서 집을 짓고 관리하고 미리미리 일하며 가족을 돌본다. 집과 둑을 다 지은 후에도 비버 부부는 아직 태어나지 않은 새끼들을 위해 추가로 집을 짓고 둑을 쌓느라 여념이 없다.

"작은 일을 행하는 것이 큰 일을 계획하는 것보다 낫다."
조지 C. 마샬 장군

성품 위인 이야기

벤자민 올리버 데이비스
(1877–1970)

벤자민 올리버 데이비스는 근면성을 이어받은 가정에서 태어났다. 할아버지는 노예였지만 열심히 일한 대가로 자유를 얻었다. 존 로간 장군의 부하였던 아버지는 그의 일하는 태도에 감명을 받은 장군의 신임을 얻어 내무부의 전령이 되었다.

벤자민은 하워드 대학을 졸업하고 육군에 입대하여 모범적으로 근무한 덕에 얼마 지나지 않아 상사로 진급하고, 곧이어 소위로 임관했다. 윌버포스 대학과 머스키기 연구소에서 군사과학과 전술학을 가르쳤고, 교수로서 생도들에게 깊이 존경을 받았으며, 빈틈없는 훈육을 남달리 강조했다. 1차세계대전 중에는 필리핀에서 근무했고, 2차세계대전 중에는 아이젠하워 장군의 고문역할을 맡았다.

육군에서 근면하고 성실하게 봉직한 지 42년이 되던 1940년에 벤자민 데이비스는 준장으로 진급하여 미 육군 역사상 첫 흑인 장성이 되었다. 근면의 유산은 자식에게도 이어져 데이비스 2세는 탁월하고 영웅적인 직무의 대가로 39개의 훈장을 받았고, 미군 최고 계급 바로 밑인 중장에까지 올랐다.

"어려울 때의 친구가 참된 친구다. 잘나갈 때 함께 즐기려는 친구보다 어려울 때 그 아픔을 덜어주는 친구가 더 믿을 만하다."

율리세스 S. 그랜트

나의 결심 *I will...*

- 하던 일을 멈추고 돕겠다.
  stop to help.
- 남이 말하고 싶어할 때 귀를 기울이겠다.
  listen when others want to talk.
- 도움이 필요한 사람에게 내 자원을 나누어 주겠다.
  give of my resources to help those in need.
- 장기적인 해결책을 찾겠다.
  look for lasting solutions.
- 인종, 성별, 신념, 나이, 국적을 가리지 않고 사람들을 위로하겠다.
  comfort others without regard to race, gender, faith, age, or nationality.

긍휼 對 냉담
Compassion vs. Indifference

다른 사람의 상처를 낫게 하는 데 필요하면 무엇이든 내주는 것
Investing whatever is necessary to heal the hurts of others

가정에서의 긍휼

- 서로 사랑과 관심이 필요한 점을 깨닫고 사랑과 관심을 나누는 산책이나 활동을 계획한다.
- 서로 존경 받을 필요가 있음을 느끼고 흔쾌히 서로의 생각을 들어준다.
- 서로의 고민을 상대의 처지와 경험에 비추어 이해하려고 노력한다.
- 서로에게 실망과 상처를 줄 수 있는 활동을 기꺼이 포기한다.

긍휼의 보상

호감
부지런히 다른 사람의 유익을 구하는 사람은 그 이타적인 행동을 지켜본 사람들에게 인정을 받고 호감을 산다.

우정
다른 사람의 삶과 함께하면 깊은 친밀감과 우정을 얻는다.

얼룩말은 병이 들거나 상처를 입어 무리를 따라가지 못하면 쉽게 맹수의 먹잇감이 되고 만다. 그래서 나머지 얼룩말들은 뒤처지는 얼룩말이 죽음에 처하도록 내버려두지 않고 모두가 함께 갈 수 있게 속도를 늦춘다. 상처를 입은 얼룩말은 동료들이 조금씩 희생한 덕에 회복할 기회를 얻는다.

"기쁨은 인간 삶의 생명이다."
벤자민 휘치코트

기쁨 對 자기연민
Joyfulness vs. Self-Pity

불쾌한 상황에 부딪혀도 좋은 태도를 유지하는 것
Maintaining a good attitude, even when faced with unpleasant conditions

가정에서의 기쁨

- 가정 형편이 바람직하지 않고 일이 계획대로 진행되지 않아도 긍정적 태도를 잃지 않는다.
- 내가 부탁한 것을 가족이 잊고 있더라도 미소를 지으며 친절하게 말한다.
- 가족의 문제를 긍정적으로 풀어갈 방법을 찾는다.
- 비난하기보다 서로 기쁘게 칭찬한다.
- 매일 아침 환한 미소로 서로 인사한다.
- 상쾌한 음악으로 집안 분위기를 밝게 유지한다.

기쁨의 보상

힘
기쁨에 찬 사람에게서 샘솟는 특별한 힘이 있다. 이 힘은 자신의 삶을 유익하게 할 뿐 아니라 주변 모든 사람의 힘을 북돋워주는 사람이 되게 한다.

건강
기쁘게 미소를 지을 때 몸의 질병에 저항하는 면역력이 실제로 강화된다는 것이 의학 연구 결과 확인되었다.

나의 결심 | will...

- 매사에 선한 것을 찾겠다.
  look for good in all things.
- 고난에도 미소 짓겠다.
  smile at adversity.
- 낙담하지 않겠다.
  not give in to discouragement.
- 감정이 내 마음을 지배하지 못하게 하겠다.
  not allow my emotions to rule my mind.
- 매일 웃으며 노래하는 시간을 갖겠다.
  take time out of every day to laugh and sing.

갓 태어난 수달은 물을 무서워한다. 어미 수달은 물 가까이로 어린 수달을 데리고 가서 몸에 물을 끼얹어주며 조금씩 물에 적응시키다가 나중에 개울이나 호수 속으로 데리고 들어간다. 이렇게 하여 어린 수달은 무서워했던 물속이 기쁨의 원천이며 먹잇감의 보고(寶庫)임을 알게 된다.

"지속적인 경계가 자유를 위해 지불해야 할 대가라면 지속적인 끈기는 탁월함을 위해 지불해야 할 대가이며 아울러 조국을 사랑하는 모든 사람의 의무이다."

제임스 T. 화이트

끈기 對 낙담
Endurance vs. Discouragement

정신적, 육체적 중압을 견디며 최선을 다하는 내면의 힘
The inward strength to withstand stress and do my best

오랫동안 낙타는 횡단이 불가능한 지역의 유일한 교통수단이었다. 거친 사막에서 다른 동물들은 대부분 여행 도중 죽지만, 낙타는 사막의 스트레스를 잘 견디도록 코끝에서부터 꼬리끝까지 독특하게 창조되었다.

나의 결심 I will...

- 포기하지 않겠다.
  not give up.
- 목표에 집중하겠다.
  keep my eyes on the goal.
- 한 번에 한 걸음씩 나아가겠다.
  take one step at a time.
- 비판을 받아도 낙심하지 않겠다.
  not let criticism discourage me.
- 지쳐도 계속하겠다.
  keep going even though I am tired.

가정에서의 끈기

- 부채를 갚기 위해 꾸준히 노력한다.
- 부모는 불순종하는 자녀에게도 끝까지 희망을 잃지 않고 믿음을 갖는다.
- 숙제, 집안일, 계획한 일을 포기하지 않고 계속한다.
- 서로의 짐을 져주며 함께 견딘다.

끈기의 보상

기회
힘들어도 옳은 일을 계속하면, 중도에 그만두었으면 놓쳤을 생각지도 않은 기회를 얻게 된다.

힘
고난이나 어려운 관계 가운데서도 배우려는 의지가 있으면, 모든 일에서 가치를 찾는 성품의 힘이 길러진다.

성품 위인 이야기

메리 M. 비쑨
(1875-1955)

노예였던 샘과 팻시 부부의 열 일곱 자녀 중 열 다섯 번째로 태어난 메리는 부모가 전 주인에게서 사들인 작은 농장에서 목화를 재배하며 가족과 함께 근근이 살아가고 있었다.

메리가 열 한 살이 되던 해에 부모는 여학교에 대해 듣게 되었다. 아이들 중에 적어도 하나는 교육을 받게 해야 한다는 생각에 노예에서 해방되고 난 후에 얻은 첫 아이인 메리를 학교에 보냈다. 메리는 부지런히 공부하여 장학금을 받고 대학에 들어가 스무 살에 졸업했다.

메리는 교육을 받은 것이 너무 고마운 나머지 여학교를 세워서 자기가 배운 것을 다른 사람들과 나누겠다고 결심했다.

단돈 1달러 20센트와 학생 다섯 명으로, 흑인 여자 아이들을 가르치는 데이토너 문학산업학교가 탄생했다. 많은 사람이 이 학교를 반대하여 문을 닫게 만들려고 했지만 메리 비쑨은 온갖 위협에도 굴하지 않았다. 다섯 소녀에게 글 읽기를 가르치겠다고 결심한 한 여성이 시작한 이 학교는 나중에 비쑨쿡먼 대학이 되었다. 메리 비쑨은 여러 대통령과 일했고, 1936년 6월에는 흑인부의 책임자로 임명되면서 흑인여성 최초의 연방정부 기관장을 역임했다.

담대함 對 두려움
Boldness vs. Fearfulness

해야 할 말이나 행동이 참되고 옳고 바른 것임을 확신하는 것
Confidence that what I have to say or do is true, right, and just

족제비과인 울버린은 전속력으로 내달리든지 꼼짝 않고 있든지 둘 중 하나이다. 적당히 달리는 법이 없고, 걷는다는 것은 전혀 울버린답지 않은 모습이다. 울버린은 집요한 기질과 불굴의 담대함을 지닌 강한 동물이다.

가정에서의 담대함

- 우리 가정이 세운 성품의 기준을 남이 이해하지 못해도 꾸준히 실행에 옮긴다.
- 우리 가정이 훌륭한 성품을 기르기로 결단한 것을 가족 이외의 사람들에게 언제라도 알려줄 준비를 한다.
- 좋은 성품을 보이지 않는 가족에게도 사랑하는 마음으로 다가간다.
- 어리석은 짓이나 나쁜 짓을 하는 친구를 서슴없이 멀리한다.

"담대한 사람은 모든 일에서 단연 앞선다."
호메로스의 오디세이

나의 결심 *I will...*

- 진실을 말하기를 두려워하지 않겠다.
  not be afraid to speak the truth.
- 깨끗한 양심을 지키겠다.
  keep a clear conscience.
- 옳은 사람을 지지하겠다.
  support others when they are right.
- 기꺼이 홀로 서겠다.
  be willing to stand alone.
- 겸손하게 말하겠다.
  speak with humility.

두려움을 이기는 힘

어떤 남자가 암에 걸려 몇 개월밖에 살지 못한다는 진단을 받았다. 얼마 후 강도가 근처 가게에 들어갔다가 갇히는 사건이 있었는데, 이 남자가 자원하여 가게에 들어가 강도를 체포했다. 그냥 병으로 죽느니 강도를 잡다가 죽으면 영웅이라도 되지 않겠냐는 생각에서였다. 강도는 이 남자의 담대함에 기가 질려 항복했다.

이 남자는 다른 일에도 자원하여 용감한 행동으로 모든 사람을 놀라게 했다. 그때 암 진단이 오진이었다는 통보를 받았다. 암이 아니어서 이제 살 수 있게 된 것이다. 그런데 도리어 매사에 두려움이 찾아왔고 용기와 힘을 잃게 되었다.

담대함의 보상

안전

남이 어떻게 생각할지 두려워하면 사람을 기쁘게 하려고 자신의 품행 기준을 낮추게 된다. 결국 남에게 속아 함정에 빠지기 쉽다. 담대한 사람은 위험한 사람들로부터 자신을 안전하게 지킨다.

덕

對 불결함

Virtue vs. *Impurity*

옳은 일을 꾸준히 행한 증거로 삶에 나타나는 탁월한 도덕성
The moral excellence evident in my life as I consistently do what is right

보호법이 제정되기 전 대백로는 거의 멸종 위기에 있었다. 백옥같이 고운 백로의 깃털은 한때 같은 무게의 금보다 더 값이 나갔다.

가정에서의 덕

- 부모는 집안에서 도덕규범의 기준을 세우고 본을 보여 지킨다.
- 부모는 자녀가 친구, 음악, 옷을 현명하게 선택하도록 가르친다.
- 집안에서나 집밖에서나 정숙한 옷을 입는다.
- 상쾌한 음악과 좋은 영향을 주는 것으로 생각을 채운다.

덕의 보상

가족의 축복

악한 것을 멀리하고 부정한 생각으로부터 마음을 지키는 부모는 자신의 삶에 복을 받을 뿐 아니라 자녀의 삶도 복을 받고, 부모가 경험했던 과거의 실패가 자식들의 삶에서 반복될 가능성이 적어진다.

기회

사람들은 자기가 씨름하고 있는 것과 똑같은 문제를 이미 극복한 사람에게 조언을 구하게 된다.

나의 결심 *I will...*

- 옳은 일을 하고 다른 사람도 그렇게 하도록 격려하겠다.
  do what is right and encourage others to do the same.
- 눈과 귀와 말과 생각을 잘 지키겠다.
  guard my eyes, ears, words, and thoughts.
- '홀로 서기'를 배우겠다.
  learn to stand alone.
- 생각과 몸을 해치거나 더럽히는 것을 삼가겠다.
  abstain from anything which might damage or pollute my mind or body.
- 남에게 대접받고자 하는 대로 남을 대접하겠다.
  treat others as I would want them to treat me.

"부는 집을 아름답게 하지만
덕은 사람을 아름답게 한다."

중국 격언

"만족하는 자에게는 가난도 기쁨이 되지만,
만족하지 못하는 자에게는 부유함도 한낱 괴로움이다."
중국 격언

만족 對 탐심
Contentment vs. Covetousness
참된 행복은 물질적 조건에 달려있지 않음을 깨닫는 것
Realizing that true happiness does not depend on material conditions

나의 결심 I will...
- 가진 것에 감사하겠다.
  be thankful for what I have.
- 없는 것에 불평하지 않겠다.
  not complain about what I don't have.
- 물건이나 일보다 사람을 더 귀히 여기겠다.
  value people more than things.
- 내 것을 잘 간수하겠다.
  take care of my belongings.
- 다른 사람을 시기하지 않겠다.
  not be jealous of others.

가정에서의 만족
- 늘 친구들과 어울려 사치스러운 오락거리를 찾기보다 집에서 가족과 함께 시간을 보내며 가족 관계를 세우는 데 집중한다.
- 부모는 자녀의 호감을 사려고 돈을 쓰기보다 자녀와 함께 시간을 보낸다.
- 예산 내에서 가계를 꾸려 나가기 위해 기꺼이 물건 구입을 줄인다.
- 적게 갖고 가진 것을 즐기며 사는 것을 배운다.
- 필요 없는 물건의 광고, 윈도쇼핑, 상품 카탈로그의 유혹을 물리친다.

만족의 보상

건강
부러움은 가족과 능력과 소유에 불만을 품게 해서 기생충처럼 마음을 좀먹고 뼈를 썩힌다.

사슴쥐는 어디서나 만족한다. 나무 속에 버려진 다람쥐 집, 나무 위 낡은 새 둥지, 늙은 나무 그루터기와 통나무 밑은 물론 암벽, 절벽, 동굴, 건물 같은 곳에도 집터를 잡는다.

> "훌륭한 사람의 삶에서 가장 중요한 부분은 이름도 없고 기억에 남지도 않을 작은 친절과 사랑의 행위이다."
>
> 무명

가정에서의 민감성

- 가족의 짜증스러운 행동은 사랑이 필요하다는 표시일 수 있음을 깨닫는다.
- 고쳐줘야 할 문제보다 가족이 언제 칭찬을 필요로 하는지 살핀다.
- 부모는 자녀에게 상처, 죄책감, 불충에서 비롯된 태도가 없는지 경각심을 갖고 살핀다.
- 부모는 자녀의 마음에 뿌린 상처의 씨가 자라서 훗날 반항을 수확할 수 있음을 깨닫는다.
- 무례한 말은 서로에게 깊은 상처를 주는 점에 유의한다.

민감성

對 무감각

Sensitivity vs. Callousness

주위 사람의 실제 태도와 감정을 그대로 감지하는 것
Perceiving the true attitudes and emotions of those around me

나의 결심 *I will...*

- 다른 사람의 말을 끝까지 듣겠다.
  listen to others fully.
- 표정을 잘 살피겠다.
  watch facial expressions.
- 말하는 어조를 주시하겠다.
  notice tone of voice.
- 다른 사람의 처지에서 생각하겠다.
  put myself in others' shoes.
- 상대방에게 관심을 보이겠다.
  show that I care.

민감성의 보상

인지력
다른 사람의 필요에 민감할수록 삶의 모든 영역에서 더 큰 인지력을 얻게 될 것이다.

삶의 목적
다른 사람에게 활력을 주는 사람은 스스로 활력을 얻는다. 다른 사람에게 민감할 때 활력이 생기고 삶의 새로운 의미와 목적을 발견한다.

눈토끼는 귀가 아주 민감해서 미세한 소리를 듣고도 그 소리의 근원을 정확하게 알아낸다. 코도 역시 예민해서 먹이의 위치를 쉽게 찾는다.

믿음 對 추측
Faith vs. *Presumption*

좋은 성품에 근거하여 행동하면 비록 과정이 보이지 않아도 최상의 결실이 있음을 확신하는 것
Confidence that actions rooted in good character will yield the best outcome, even when I cannot see how

날다람쥐는 날지 못하지만 '믿음의 도약'마저 포기하지는 않는다. 날다람쥐는 다리를 쫙 뻗으면 다리 사이에 접혀있던 피부가 날개처럼 펼쳐져 높은 나뭇가지 사이를 우아하게 활공한다.

가정에서의 믿음

- 가족에게 필요한 것이 달리 채워질 길이 보이지 않는다고 해서 가족의 수입을 초과하여 지출하지 않는다.
- 가족 한 사람 한 사람이 미래에 성취할 일을 그려보며 각자가 최대한의 역량을 발휘하도록 돕는다.
- 자녀는 당장 이해가 되지 않아도 부모의 지도력과 조언을 믿고 따른다.
- 서로의 최선을 믿고 미심쩍은 부분도 선의로 해석한다.
- 아무리 친구가 없어도 좋은 성품을 허무는 친구나 활동을 기꺼이 포기한다.

나의 결심 *I will...*

- 훌륭한 원칙을 따르겠다.
  rely on good principles.
- 어떤 것도 당연시하지 않겠다.
  not take things for granted.
- 성품이 확실한 사람을 신뢰하겠다.
  trust those with proven character.
- 최선을 바라겠다.
  hope for the best.
- 미래를 염려하지 않겠다.
  not worry about the future.

믿음의 보상

과단성
믿음은 첫걸음을 내디뎌야 다음 걸음이 명확해진다는 것을 알고 첫발을 뗄 수 있도록 자신감을 준다.

좋은 것
믿음은 겉으로 좋아 보이는 것을 포기하고 자신이 아는 최선의 것을 끈기있게 기다리게 한다. "좋은 것은 기다리는 자에게 온다."

"천 리 길도 한 걸음부터!"
노자

분별

對 근시안

Discernment vs. *Shortsightedness*

사태가 발생하는 근본 원인을 이해하는 것
Understanding the deeper reasons why things happen

가정에서의 분별

- 이기심이 인간관계를 파괴한다는 것을 인식한다.
- 자녀의 반항이 때로 부모로부터 인정과 수용을 충분하게 받지 못한 데서 비롯될 수 있음을 깨닫는다.
- 어느 때 큰 돈을 지불하고서라도 물건을 사는 것이 지혜로운지를 안다.
- 쓴 마음과 죄의식을 해결하지 않거나 삶의 목적이 없으면 중독, 잘못된 친구, 자살, 폭력에 빠질 수 있음을 깨닫는다.

분별의 보상

조심성
가정 위기의 근본 원인을 이해하면 가족이 미래에 취할 수 있는 잘못된 태도나 행동을 피할 선견지명이 생긴다.

화평
좋은 성품을 기르고 서로의 필요를 채워주는 일에 초점을 맞추면 갈등 대신 화평이 찾아온다.

살쾡이는 참을성 있게 먹잇감의 뒤를 밟으며 움직임과 행로를 지켜보고 최적의 접근 방향을 탐색한다. 기회는 한 번밖에 없음을 알기에 절호의 습격 기회를 잡을 때까지 기다린다.

나의 결심 *I will...*

- 질문을 하겠다.
  ask questions.
- 성급히 판단하지 않겠다.
  not judge hastily.
- 경험에서 배우겠다.
  learn from experience.
- 실수를 되풀이하지 않겠다.
  not repeat mistakes.
- 문제의 근본 원인을 찾겠다.
  trace problems to their causes.

"재치 있는 바보는 있어도 판단력 있는 바보는 없다."
— 라로슈푸코

"다른 사람의 친절한 행위는 있는 그대로 드러내되, 자신의 선행은 늘 감춰라."   카토

사랑 對 이기심
Love vs. Selfishness

대가를 생각하지 않고 다른 사람의 기본 필요를 채워주는 것
Giving to others' basic needs without having as my motive personal reward

가정에서의 사랑

- 가족도 남에게 하듯 존경심을 갖고 대한다.
- 빨래나 식사준비 같은 일상적인 집안일을 가족을 위한 사랑의 봉사로 생각한다.
- 가족의 물질적 성취보다 인격적 성장에 더 관심을 둔다.
- 자신의 이기적인 야망을 이루어 성공하는 데 집착하지 않고 가족의 내적 필요와 소망에 마음을 쏟는다.

나의 결심 *I will...*

- 도움이 필요한 사람을 찾아 돕겠다.
  look for people in need.
- 남에게 대접을 받고자 하는 대로 남을 대접하겠다.
  treat others how I want to be treated.
- 음식이나 옷이나 집을 제공하겠다.
  give food, clothing, and shelter.
- 다른 사람을 인내하겠다.
  be patient with others.
- 더 얻는 만큼 더 주겠다.
  give more as I get more.

사랑의 보상

호감
이기심 없이 다른 사람을 돌보면 그 사람의 마음 문이 열린다.

화평과 안전
사람들이 진심으로 서로를 돌볼 때 이기심은 정복된다. 다른 사람의 유익을 구하다 보면 사람들의 몸과 감정을 해치기보다 보호하고 싶은 마음이 생긴다.

펭귄은 암컷이 알을 낳으면 수컷은 차가운 남극 얼음 위에 곧추서서 두 발 위에 알을 올려놓고 따뜻한 아랫배로 감싸 안는다. 수컷 펭귄은 3개월 이상 꼼짝하지 않고 서서 어린 새끼를 위해 자신의 자유를 철저하게 희생한다.

"유익한 선물과 부드러운 말로 그 사람을 설득하라."
호메르

나의 결심 *I will...*

- 다른 사람에게 올바른 방향을 제시하겠다.
  point others in the right direction.
- 솔깃하게 하려고 사실을 과장하지 않겠다.
  not stretch the truth to make it more attractive.
- 성품으로 양심에 호소하겠다.
  appeal to a person's conscience in terms of character.
- 가장 좋은 때를 기다리겠다.
  wait for the best time.
- 논쟁하지 않겠다.
  not argue.

설득

對 다툼

Persuasiveness vs. Contentiousness

상대방이 사고의 한계로 보지 못하는 결정적인 사실로 인도하는 것
Guiding vital truths around another's mental roadblocks

사람들의 사랑을 받는 공작은 사실 닭의 한 종류이다. 하지만 아름다운 깃털과 품위 있는 자태로 왕궁에 입성하였다.

가정에서의 설득

- 부모는 좋은 성품에 헌신하는 삶이 어떻게 가정을 튼튼하게 하고 한 사람 한 사람에게 유익을 주는지 보여준다.
- 가족에게 주의를 줄 때 그것이 자신의 두려움이나 이기심 때문이 아니라 가족의 최대 이익을 생각하는 것임을 설명한다.
- 부모는 자녀에게 현명한 결정이 어떻게 우리를 보호하는지를 보여준다.
- 손위 형제는 모범을 보여 동생들을 격려한다.

설득의 보상

동지애
가족이 현명하고 옳은 것을 하도록 서로 설득할 때 어려움을 이겨내는 데 한 편이 되는 동지애를 깊이 느낀다.

형통
좋은 협상의 성공은 모든 당사자에게 유익이 있음을 설득할 수 있는 한 사람의 능력에 달려 있다.

솔선 對 빈둥거림
Initiative vs. Idleness

누군가 처리해야 할 일을 요청 받기 전에 먼저 알아서 하는 것
Recognizing and doing what needs to be done before I am asked to do it

가정에서의 솔선
- 다른 가정의 모범이 되어야 할 의무를 받아들이고 배운 교훈을 나누어 격려할 방법을 찾는다.
- 부모는 각 자녀가 미래에 이룰 일을 그려보고 그 목표를 이루는 데 도움이 될 훈련 계획을 미리 세운다.
- 집안의 허드렛일을 스스로 찾아 처리한다.

솔선의 보상

부유함
매일 성실하게 일을 계획하여 수행하는 것은 매일 벙어리저금통에 동전을 하나씩 넣는 것과 같다. 그 돈은 조금씩 늘어나 어느 날 한 사람을 부자로 만들 만큼 커진다.

자녀의 유산
자녀를 위해 솔선하여 계획하고 준비하는 부모는 자녀에게 유산을 남기는 것이다.

툰드라 백조는 고도 1,800미터 상공에서 시속 160 킬로미터로까지 날 수 있다. 백조가 혼자 날면 25마리가 무리를 지어 V자형으로 비행할 수 있는 거리의 30퍼센트 거리밖에 날지 못한다.

나의 결심 *I will...*
- 누가 시키기 전에 옳은 일을 하겠다.
  do what is right before being told.
- 오늘 할 수 있는 일을 내일로 미루지 않겠다.
  not put off until tomorrow the things I can do today.
- 팀 전체의 성공에 기여하겠다.
  contribute to the success of the whole team.
- 문제를 만들지 않고 함께 해결하겠다.
  be a part of the solution rather than the problem.
- 다른 사람을 도울 길을 찾겠다.
  look for ways to help others.

"시작이 반이다." 속담

순종 對 고집
Obedience vs. *Willfulness*

나를 책임지고 있는 사람의 지시를 즉시 기쁘게 수행하는 것
Quickly and cheerfully carrying out the direction of those who are responsible for me

가정에서의 순종

- 가족을 위한 좋은 성품의 실제적인 지침을 세운다.
- 부모는 자녀에게 어떤 행동이 왜 옳고 그른지를 가르친다.
- 자녀는 부모가 세운 지침의 목적과 이를 순종하지 않았을 때 치러야 할 결과를 이해한다.
- 부모는 자신의 부모님을 공경하여 자녀에게 모범이 된다.

나의 결심 *I will...*

- 권위자에게 즉시 순종하겠다.
  obey my authorities immediately.
- 밝은 태도를 보이겠다.
  have a cheerful attitude.
- 맡은 일을 끝마치겠다.
  complete all that I am expected to do.
- 기대 이상으로 하겠다.
  go the "extra mile."
- 그릇된 명령에 순종하지 않겠다.
  not obey a wrong command.

인도코끼리는 맡은 일을 끝마치려고 모든 근육에 힘을 주어 육중한 몸을 서서히 움직인다. 주인을 충심으로 섬기며 지게차와 불도저와 트랙터가 다 붙어서 해야 할 일을 혼자서 해낸다. 코끼리는 주인의 말 한 마디나 신호에, 심지어 내디디려던 발을 든 채라도 그 자리에 멈춰 선다. 그러나 코끼리는 오직 한 주인에게만 순종하고 주인 이외는 누구의 명령도 따르지 않는다.

순종의 보상

보호
성공을 향해 가다 보면 순종이 실수의 반복을 막아준다는 쓰라린 교훈을 자주 접한다.

공급
부모나 권위자는 아랫사람의 순종하는 자세를 보면 상을 주어 아랫사람의 필요나 바람을 채워주고 싶어한다.

방향
자녀가 순종하는 자세를 보이면 부모는 자녀의 일에 대해 가장 현명한 조언을 주고 싶은 의욕이 생긴다.

"순종은 큰 일보다 작은 일에서 더 많이 드러난다."
토마스 풀러

철새인 삼색제비는 해마다 3월 19일이 되면 어김없이 미국 캘리포니아주 샌 후안 카피스트라노에 도착한다. 이 제비 떼를 보려고 수천 명이 이 조그만 마을로 모여든다. 기원전 600년부터 세계 곳곳에서 서식하는 다양한 제비가 시간을 엄수하는 것을 칭찬하는 기록이 있다.

시간엄수 對 지체
Punctuality vs. *Tardiness*

다른 사람들과 그들의 시간에 대한 존중심을 보이는 것
Showing respect for other people and their time

가정에서의 시간엄수

- 무엇보다 가족과의 약속을 우선시한다.
- 가족이 목적지에 제시간에 도착하도록 짐을 덜어준다.
- 가족 모두가 늦지 않도록 여유 있게 차에 탄다.
- 가족이 모두 다음날 제시간에 일어나기 위해 제때 잠자리에 든다.
- 편지와 전화에 즉각 응답한다.

시간엄수의 보상

존경
사람들은 자기를 기다리게 하는 사람의 잘못을 하나씩 셈한다. 오래 기다릴수록 더 많은 잘못을 찾는다.

효율
시간을 엄수하면 기다리는 시간과 에너지를 낭비하지 않아 당면 과제를 수행할 팀워크를 십분 발휘할 수 있다.

나의 결심 *I will...*

- 있어야 할 곳에 때맞춰 있겠다.
  be at the right place at the right time.
- 뜻밖의 지연에 대비하겠다.
  prepare for unexpected delays.
- 할 일을 미리 하겠다.
  do my work ahead of time.
- 일일 계획을 세워 지키겠다.
  plan a daily schedule and keep it.
- "조금만 더."라는 덫에 걸리지 않겠다.
  not fall into the trap of "just one more."

> "만물 가운데 시간이 가장 귀하다면 시간 낭비야말로 최고의 방탕이다."
> — 벤자민 프랭클린

가정에서의 신뢰성

- 경제적인 어려움과 성격상의 갈등이 있을지라도 함께하기로 결단한다.
- 부모는 성실하게 일하여 가족을 부양한다.
- 자녀는 매일 숙제를 끝마친다.
- 가족이 지킬 수 없는 약속을 하지 않도록 조언한다.
- 가족끼리 서로 약속한 것을 지킨다.

사향소의 탱크 같은 몸집은 맹수에게조차 위협이 된다. 그러나 어린 사향소는 그다지 위압적이지 않지만 무리 속에 있는 어른 사향소를 믿고 위험한 이리떼 앞에 서기도 한다. 큰 사향소들은 맹수에 대비하여 둥글게 진을 치고 그 중앙에 힘없는 어린 새끼들을 모아 보호한다.

신뢰성 對 변덕
Dependability vs. *Inconsistency*

하기로 한 일은 예기치 못한 희생이 따르더라도 끝까지 완수하는 것
Fulfilling what I consented to do, even if it means unexpected sacrifice

나의 결심 *I will...*

- 내가 한 말을 지키겠다.
  keep my word.
- 약속을 신중히 하겠다.
  be careful what I promise.
- 내 실수를 바로잡겠다.
  correct my mistakes.
- 내 몫을 다하겠다.
  pull my share of the load.
- 나쁜 태도를 보이지 않겠다.
  not have a bad attitude.

신뢰성의 보상

칭찬
믿음직한 가족은 집 안팎에서 모두 칭찬을 받는다.

책임
작은 일에서 믿음직스러운 자녀는 부모의 신뢰를 얻는다.
그 대가로 부모는 큰 일에서도 자녀를 신뢰하고 더 큰 책임을 맡긴다.

"일을 올바로 하는 것이
일을 하지 않은 이유를
설명하는 것보다 더 쉽다."

마틴 밴 뷰런

신실 對 위선
Sincerity vs. Hypocrisy

투명한 동기로 옳은 일을 하려는 열망
Eagerness to do what is right with transparent motives

"겉으로 보이는 모습이 여러분의 실제 모습이 되게 하라."
— 벤자민 프랭클린

가정에서의 신실
- 집밖에서 하듯이 집안에서도 가족을 똑같이 대한다.
- 남들에게 요구하는 기준을 집안에서 똑같이 지킨다.
- 자녀는 부모님이 없는 곳에서도 부모님이 인정할 행동을 한다.
- 남 얘기를 할 때는 그 사람이 그 자리에 있는 것처럼 말한다.

신실의 보상

공경
사람들은 위선자를 경멸하는 만큼 신실하고 정직한 사람을 공경한다.

신뢰
우리에게 투명한 동기로 옳은 일을 하려는 신실한 바람이 있음을 사람들이 보면 우리가 생각하는 것과 말하는 것에 큰 신뢰를 둘 것이다.

나의 결심 *I will...*
- 모든 영역에서 내 역량을 다 발휘하겠다.
  be all that I can be.
- 내 행동에 책임을 지겠다.
  take responsibility for my own actions.
- 다른 사람의 의견을 존중하겠다.
  respect others' opinions.
- 항상 진심으로 말하겠다.
  always mean what I say.
- 다른 사람을 이용하지 않겠다.
  not take advantage of other people.

벌집 안에는 수많은 꿀벌이 서로 뒤엉켜 있으면서도 섬세한 협력을 통해 균형을 이루며 살아간다. 꿀벌 사이의 명확하고 투명한 의사소통은 꿀벌의 효율성과 생존에 결정적이다.

나의 결심 *I will...*

- 말을 조심스럽게 가려서 하겠다.
  choose my words carefully.
- 예의바르게 행동하겠다.
  practice good manners.
- 비판에 귀를 기울이겠다.
  listen to criticism.
- 남을 놀리지 않겠다.
  not make fun of others.
- 나쁜 일을 하자는 제안을 거절하겠다.
  turn down any invitation to do wrong.

"말을 안해서 상처를
입은 적은 없다."
캘빈 쿨리지

가정에서의 신중

- 다툼이나 논쟁의 불씨가 되는 말을 하지 않는다.
- 나쁜 영향을 주는 영화와 책으로부터 가정을 지킨다.
- 다른 사람이 들어 낙담할 말을 삼간다.
- 말하기 전에 먼저 생각하도록 서로 조언한다.
- 서로를 비판하거나 깎아내리는 부정적인 몸짓이나 표현을 피한다.
- 가정의 수입을 초과할 숨은 경비를 미리 예견한다.

신중의 보상

우정
남을 험담하는 일은 절친한 친구 사이에도 분쟁의 씨앗이 될 수 있다. 흉보기를 삼가면 깨지지 않는 깊은 우정을 얻게 된다.

안전
길이 위험한 때를 분별하여 알고 피하면 추한 흉터나 상처를 입지 않고 안전을 보장 받는다.

붉은여우가 영리하다고 알려진 이유는 바로 신중 때문이다. 다른 동물에게 쫓기게 되면 자신의 흔적과 소리와 모습이 포착되지 않도록 꾸준히 도주 방향을 평가하여 전략을 바꾼다.

신중   對 경솔함
Discretion vs. Simplemindedness

바람직하지 않은 결과를 초래할 말과 행동과 태도를 알고 삼가는 것
Recognizing and avoiding words, actions, and attitudes that could bring undesirable consequences

안정 對 걱정
Security vs. Anxiety

사라지거나 무너지지 않는 것에 삶의 중심을 두는 것
Structuring my life around that which cannot be destroyed or taken away

가정에서의 안정

- 부모는 자신의 삶을 바쳐 자녀를 기르고 부모의 사후에도 남을 유산을 만들어 자신이 늙어가는 데 대한 두려움을 이겨낸다.
- 함께 놀고 웃고 이야기하여 가족간의 우애를 돈독히 한다.
- 자녀는 미래의 훈련이나 직업에 대해 염려하기보다 성품과 기술을 연마한다.
- 물질적 소유를 늘리기보다 인간관계를 세우는 데 집중한다.

갓 태어난 캥거루에게 가장 안전한 곳은 어미의 아랫배 앞에 있는 육아낭 속이다. 새끼는 그 안에서 아무런 두려움 없이 따뜻함과 보호와 음식을 누릴 수 있다. 새끼 캥거루는 밖에 나가 모험을 할 만큼 커서도 언제든지 돌아와 안전하게 숨을 곳이 있다.

안정의 보상

만족
인간관계를 키우고 성품을 기르는 데 시간과 에너지를 투자하면 소유, 명성, 건강, 젊음을 잃을 것에 대한 두려움에서 해방된다.

비전
사라지거나 무너지지 않을 것에 집중하면 삶에 대한 더 깊은 통찰력과 미래에 대한 비전이 생긴다.

> "사람들은 자신의 기대에 못 미칠 것을 알면서도 뭔가 기댈 것을 찾는다."
> — 로버트 J. 맥크래켄

나의 결심 *I will...*

- 오래도록 남을 가치 있는 일에 시간을 쓰겠다.
  invest my time in things that last.
- 기술과 성품을 갈고닦겠다.
  build my skills and character.
- 돈에서 행복을 찾지 않겠다.
  not depend on money for happiness.
- 불안전한 상황을 개선하겠다.
  correct unsafe conditions.
- 다른 사람의 걱정거리를 가지고 염려하지 않겠다.
  not worry about other people's concerns.

길이가 15미터, 무게가 50톤이나 되는 혹등고래는 하는 일마다 어마어마하지 않을 수 없다. 바다의 가수인 혹등고래가 20분이나 계속해서 부르는 노랫가락은 물을 통해 수백 킬로미터 밖까지 울려 퍼진다.

열성 對 무관심
Enthusiasm vs. *Apathy*

주어진 일에 최선을 다하여 기쁨을 표현하는 것
Expressing joy in each task as I give it my best effort

가정에서의 열성

- 인생의 고난을 통해 배우는 교훈을 기쁘게 여긴다.
- 물건을 깨끗하고 반짝반짝 빛나게 만들려는 긍정적인 사랑의 동기를 가지고 집안 허드렛일을 제시간에 끝마친다.
- 어떻게 다른 사람들에게 유익을 줄지 마음에 그리면서 일에 열중한다.
- 가족이 즐기는 놀이와 활동에 진심으로 관심을 보인다.

나의 결심 *I will...*

- 다른 사람에게 힘을 주는 자가 되겠다.
  be an energy-giver to others.
- 미소를 짓겠다.
  smile.
- 맡겨진 모든 일을 중요하게 다루겠다.
  treat every job as important.
- 내가 하는 일에 전심을 다하겠다.
  put my whole heart into what I do.
- 실패에도 낙심하지 않겠다.
  not be discouraged by failure.

열성의 보상

회복
모든 일에 진심으로 관심을 기울이면 삶에 대한 새로운 기쁨이 회복된다.

튼튼한 뼈
열성은 얼굴과 눈동자를 빛나게 할 뿐 아니라, 뼈를 튼튼하게 만드는 보약이다.

"열성 없이 성취한 위대한 일은 하나도 없다."
― 랠프 W. 에머슨

온유 對 화
Meekness vs. Anger

섬길 마음으로 권리와 기대를 양보하는 것
Yielding my personal rights and expectations with a desire to serve

"온유는 알약처럼 씹지 않고 삼켜서 상처를 치료한다."
토마스 브라운 경

가정에서의 온유

- 자신이 말할 권리를 양보하고 대신 다른 가족의 말에 귀 기울여 그들의 관점에서 이해하려고 노력한다.
- 가족이 나의 부탁이나 특별한 날을 기억할 것이라는 기대를 내려놓는다.
- 자녀에게 부모의 비현실적인 기대를 채우라고 요구하기보다 자녀가 스스로 재능과 관심사를 계발하도록 돕는다.
- 자녀는 친구, 옷, 음악, 특별활동을 선택할 자신의 권리를 내려놓고 부모가 바라는 대로 따른다.

온유의 보상

이해심
화를 내며 말하지 않고 더 많이 들어줄수록 남을 더 잘 이해하게 된다.

힘
남을 존중하여 자기 방식을 양보하는 사람은 자제력이 뛰어나다. 듣기를 빨리 하고 화내기를 천천히 하려면 강한 성품이 필요하다.

수천 년 동안 사람들은 말의 힘과 아름다움에 감복했다. 말을 훈련하는 기술은 말의 기백을 꺾지 않으면서 말의 의지를 항복시키는 데서 시작한다.

나의 결심 *I will...*

- 쉽게 화내지 않겠다.
  be slow to get angry.
- 말하기보다 더 많이 듣겠다.
  listen more than I talk.
- 나보다 남을 먼저 생각하겠다.
  put others ahead of myself.
- 내 권리를 포기하여 논쟁을 그치겠다.
  stop arguments by yielding rights.
- 반응을 자제하겠다.
  control my reactions.

파랑울새는 미국 중동부 지역의 울타리기둥과 나무 그루터기에 집을 짓는다. 아름다운 노래를 부르고, 헌신적으로 알을 품고, 새끼들에게 먹이를 물어다 주는 것으로 부모의 온화함을 보여준다.

온화함

對 거칢

Gentleness vs. Harshness

다른 사람을 깊이 생각하고 따뜻한 관심을 보이는 것
Showing consideration and personal concern for others

가정에서의 온화함

- 개개인에게 가끔 평화롭고 조용한 시간이 필요한 것을 알고 존중한다.
- 가족이 마음 상했을 때 언행을 조심한다.
- 서로에 대해 농담을 하지 않기로 작정한다.
- 가족에게 방해가 되는 음악, 텔레비전 프로그램, 영화를 끈다.

온화함의 보상

즐거움

친절한 말은 우울한 마음을 풀어주고 그 말을 하는 사람과 듣는 사람 모두에게 기쁨을 안겨준다. 다른 사람의 하루를 즐겁게 하는 것은 그리 어려운 일이 아니다.

평정

거친 말이나 경솔한 행동을 삼가면 가족 간에 마음이 상하여 벽이 생기는 일을 예방한다. 화평한 가정은 흔치 않은 귀한 보물이고 온화함이야말로 화평의 일등 공신이다.

나의 결심 | I will...

- 남에게 친절하게 말하겠다.
  speak kindly to others.
- 부드러운 목소리로 말하겠다.
  use a soft voice.
- 남이 먼저 가도록 문을 열어주겠다.
  open doors to let others go first.
- 물건이 망가지지 않도록 조심하겠다.
  try not to break things.
- 주위 사람들을 짜증나게 하지 않겠다.
  not annoy those around me.

"온화함은 폭력이 이룰 수 없는 것을 이룰 수 있다."
클라우디안

성품 위인 이야기

로베르토 클레멘트 (1934-1972)

푸에르토리코에서 사탕수수밭 농부의 아들로 자란 로베르토 클레멘트는 생활고를 직접 겪은 후 가난한 사람을 돕기로 결심했다.

피츠버그 파이어리츠 야구단에 입단한 후 자신의 영향력을 행사하여 남미 사람들을 위한 진료소를 세웠다. 17년 동안 매 시즌이 끝나면 자기 나라에 돌아가 직접 세운 야구캠프에서 소년야구단을 가르쳤다.

1972년 성탄절 전날 니카라과에서 발생한 지진으로 6천 명이 넘게 사망했을 때 희생자들에게 건네줄 식량, 의류, 의약품을 모았다. 생존자들에 대한 안타까운 마음에 구호물자를 직접 전달하려고 니카라과로 가던 중 비행기 추락 사고로 사망했다. 어려운 사람을 돕기 위해 생명을 바친 로베르토는 사람들에게 극진한 배려와 따뜻한 관심을 보여주었다.

용서 對 거절
Forgiveness vs. Rejection

다른 사람의 잘못을 깨끗이 잊고 악의를 품지 않는 것
Clearing the record of those who have wronged me and not holding a grudge

가정에서의 용서

- 서로의 필요를 잘 알기 위해 서로의 차이점을 의논한다.
- 부모는 불순종하는 자녀에게 화를 내지 말고 사랑으로 훈육한다.
- 속으로 끙끙 앓지 않고 서로 상처를 터놓고 이야기한다.
- 가족이 무례한 표현을 써도 친절한 목소리로 응답한다.

용서의 보상

우정
상대방의 장점에 집중하여 상대방의 거친 말이나 행동을 잊으면 우정이 피어난다.

사랑
자신의 잘못에 대해 용서를 구하는 사람은 깊은 인간관계에서 나오는 사랑을 경험하게 된다.

"현명한 사람은 서둘러 용서한다. 시간의 참 가치를 알기 때문에 불필요한 고통 속에서 시간을 허비하지 않는다."   사무엘 존슨

양떼는 양치기가 세심한 경계로 지켜주는 덕에 산허리에서 태평하게 풀을 뜯을 수 있다. 양은 방어 능력이 없어서 육식 동물의 공격에 맞대응하면 오히려 더 큰 해를 입는다. 양은 보통 아픔을 잘 참아서 소리 없이 고통을 받아들이며, 상대의 잘못을 빨리 잊는다. 양의 예에서 보듯이 용서란 상처를 붙들지 않고 양처럼 빨리 놓아버리는 것이다.

나의 결심 *I will...*

- 빨리 용서하겠다.
  be quick to forgive.
- 내 잘못을 감추지 않고 빨리 용서를 빌겠다.
  not cover up my own wrongs but will be quick to ask forgiveness.
- 앙갚음하려 하지 않겠다.
  not seek revenge.
- 내게 상처를 준 사람에게 친절하게 반응하겠다.
  respond kindly to those who hurt me.
- 남의 일로 성내지 않겠다.
  not take up offenses for others.

가정에서의 유연성

- 주의를 받으면 생각이나 계획을 기꺼이 바꾼다.
- 서로 가정 생활을 개선하는 제안을 마음을 열고 듣는다.
- 가정의 응급상황도 성품을 키우는 기회로 삼는다.
- 가정의 우선순위와 충돌하는 활동을 불평하지 않고 포기한다.

유연성의 보상

통찰력
다른 사람을 먼저 배려해 자신의 생각이나 계획을 기꺼이 바꾸면 아직 경험하지 못한 활동이나 사고방식에 대한 새로운 통찰력이 생긴다.

성공
다른 사람의 좋은 충고를 받아들이지 않으면 그릇된 결정을 내릴 수 있다. 좋은 충고를 받아들여 자신의 계획을 기꺼이 바꿀 때 현명한 결정으로 성공을 거둘 수 있다.

유연성 對 저항
Flexibility vs. Resistance

불쾌하게 여기지 않고 계획이나 생각을 바꿀 자세가 되어 있는 것

Willingness to change plans or ideas without getting upset

벌새는 놀라운 유연성을 보인다. 아주 민첩한 9센티미터의 이 작은 벌새는 쏜살같이 꽃 사이를 날아다니며 꽃꿀을 빨아 먹고, 날벌레를 잡아 먹는다. 벌새는 날개 근육이 잘 발달되어 전체 몸무게의 25~30%를 차지한다.

"성장하려면 늘어날 각오를 해야 한다."
― 무명

나의 결심 *I will...*

- 계획이 바뀌어도 당황하지 않겠다.
  not get upset when plans change.
- 권위자의 결정을 존중하겠다.
  respect the decisions of my authorities.
- 고집을 부리지 않겠다.
  not be stubborn.
- 변화 가운데서도 좋은 점을 찾겠다.
  look for the good in changes.
- 옳은 것은 타협하지 않겠다.
  not compromise what is right.

유용성 對 자기중심
Availability vs. Self-Centeredness

내가 섬기는 사람들의 뜻에 따라 나의 일정과 우선순위를 양보하는 것
Making my own schedule and priorities secondary to the wishes of those I serve

가정에서의 유용성

- 가족이 함께할 때 상대방이 즐거워하는 일을 한다.
- 자신의 취미활동이 가족이 모이는 시간과 겹칠 때 취미활동을 뒤로 미룬다.
- 가족이 말을 걸면 하던 일을 멈추고 듣는다.
- 손님맞이 준비에 바쁜 가족을 도우려고 친구와 만날 약속을 변경한다.

유용성의 보상

풍요
우리가 도와준 사람의 성공은 우리의 성공으로 되돌아 올 것이다.

안정
가족들이 서로의 필요를 우선시하는 가정에는 화평이 넘친다. 이 화평은 어려운 시기에도 가정에 안정을 가져온다.

"달라고 할 때까지 기다리다 주는 것은 제때 주는 것이 아니다."
— 라틴 격언

성품 위인 이야기

조지 워싱턴 (1732-1799)

젊은 시절 조지 워싱턴의 꿈은 영국해군이 되는 것이었다. 15세에 배를 탈 기회가 있었지만 어머니의 만류로 포기했다. 조지 워싱턴은 어머니의 소원에 따라 선원의 꿈을 접고 측량사가 되어 홀로 된 어머니를 돌보았다.

형 로렌스는 자신의 병구완을 위해 바바도스로 요양 가는 길에 동생과 함께 가기를 원했다. 조지 워싱턴은 성공적인 직장인으로서의 자신의 경력과 계획을 포기하고 형과 함께 갔다가 그만 천연두에 걸리고 말았다.

조지 워싱턴은 어려서부터 유용성을 익힌 덕에 독립전쟁 당시 식민지군을 지휘하고 후에 미합중국을 통치할 때 중대 사안을 다룰 만반의 준비가 되어 있었다.

물론 고향 마운트버논에서 사는 것이 더 편했겠지만 국가의 부름에 응하여 미국 독립전쟁에서 식민지군을 승리로 이끌고 '조국의 아버지'라는 칭호를 얻었다.

나의 결심 *I will...*

- 나보다 남을 먼저 생각하겠다.
  put others ahead of myself.
- 피하지 않고 도울 길을 찾겠다.
  find a way to help, not a way to hide.
- 나를 부를 때를 대비하고 있겠다.
  be ready when I'm called.
- 섬길 기회를 기뻐하겠다.
  be glad for the chance to serve.
- 결정하기에 앞서 합당한 사람과 상의하겠다.
  check with the right person before I make commitments.

기린은 서로 도우면서 무리를 지어 살아간다. 보초를 서든, 무리를 지키든, 남의 새끼를 돌보든, 기린은 언제든지 도울 태세가 되어 있다.

가정에서의 의지력

- 부모가 맡은 일에 집중하여 성공했던 경험담을 자녀에게 들려준다.
- 완벽주의의 덫에 빠지지 않으면서 정성껏 집을 꾸미고 화목을 도모한다.
- 최근의 사회 추세에 흔들리지 않고 가정의 제 기능을 다한다.
- 자녀는 다른 사람의 주장에 동요하지 않고 부모가 제시한 비전에 집중한다.

나의 결심 *I will...*

- 목표를 정하겠다.
  set goals.
- 목표의 정당성을 분명히 하겠다.
  make sure my goals are right.
- 어떤 방해도 개의치 않겠다.
  ignore distractions.
- 다른 사람 때문에 낙심하지 않겠다.
  not be discouraged by others.
- 문제와 정면으로 맞서겠다.
  face problems head-on.

"천재는 2퍼센트의 영감과 98퍼센트의 땀이다."
— 토머스 에디슨

의지력 對 소심함
Determination vs. Faintheartedness

반대에 부딪히더라도 올바른 목표를 제때 이루기로 작정하는 것
Purposing to accomplish right goals at the right time, regardless of the opposition

의지력의 보상

용기
사나운 풍파에 담대하게 맞서는 것은 삶의 강한 보호막이 되는 용기를 기르는 것이다.

만족
전심전력하여 이룬 성취의 쾌감만큼 큰 보상은 없다. 힘든 싸움일수록 승리의 쾌감은 더욱 크다.

왕연어는 바다에서 1년에서 4년 정도를 지낸 후 자기가 부화한 시냇물로 돌아갈 의지를 품는다. 강인한 연어는 거센 강줄기를 거슬러 오르고 폭포를 뛰어 오르며 매일 속도를 올려 고향까지 수백 킬로미터를 여행한다.

나의 결심 *I will...*

- 바꿀 수 있는 것은 바꾸고 그렇지 않은 것은 받아들이겠다.
  change the things I can change and accept the things I can't.
- 될 때까지 계속하겠다.
  keep trying until I succeed.
- 자투리 시간을 최대한 활용하겠다.
  make the most of my spare time.
- 끼어들지 않겠다.
  not interrupt.
- 뜻대로 되지 않아도 불평하지 않겠다.
  not complain if I don't get my way.

가정에서의 인내

- 추가 수입으로 가족 문제를 해결하기보다 어려운 형편을 성품 훈련의 기회로 삼는다.
- 한정된 수입을 최대한 활용한다.
- 당장 갖고 싶거나 하고 싶은 것이 있어도 가족 모두에게 도움이 되지 않으면 포기한다.
- 자녀는 아무리 과목이 어렵고 선생님이 싫어도 숙제를 부지런히 끝낸다.

군주나비는 겨울을 나는 지역까지 수백 킬로미터를 이동한다. 그곳의 기온은 섭씨 0도 정도로 유지되어야 한다. 활동을 하지 않을 만큼 추우면서도 얼지 않을 만큼 따뜻해야 하기 때문이다. 군주나비는 봄이 되어 고향까지 멀리 날아갈 충분한 힘을 비축하기 위해 겨울 내내 기다리며 쉰다.

인내

對 안절부절못함

Patience vs. Restlessness

기한을 정하지 않고 어려운 상황을 받아들이는 것
Accepting a difficult situation without giving a deadline to remove it

인내의 보상

성숙
일을 성취하고 나서 대가를 얻기까지 얼마나 오래 기다릴 수 있느냐가 성숙함의 척도이다.

소망
소망은 좋은 일이 있으리라는 기대감으로, 행복한 삶의 중요한 요소이다. 오래 기다려서 얻으면, 얻은 기쁨은 더욱 커진다.

"급히 먹는 밥이 체한다."
— 속담

성품 위인 이야기

노구치 히데요 (1876-1928)

세 살 때 불 속에 떨어진 히데요의 손은 완전히 불구가 되었다. 당시 가난한 일본인 소년이 가질 수 있는 유일한 직업은 농사꾼이었다. 히데요는 신체 장애로 농사꾼이 될 수 없다는 것을 알았다.

그래서 공부에 몰두하며 학비를 벌기 위해 두 가지 일을 했다. 친구들이 기형적인 그의 손을 보고 놀려댔지만 자기 공부를 마친 후 다른 친구들의 공부를 도와 주었다. 어느 유능한 의사가 그의 손을 성공적으로 수술해 준 데 감동한 히데요는 의사가 되기로 결심했다.

신체적 장애 때문에 길러진 인내심과, 어려움 가운데서도 일하며 터득한 어린 시절의 교훈들로 파상풍, 트라코마, 흑사병과 같은 세계를 위협하는 질병을 예방하는 전문가가 되었다. 아프리카에 황열병이 유행하자 그 치료법을 찾기 위해 연구하다가 사망했다.

53

큰민물꼬치고기는 식성이 까다롭지 않다. 실제로 자기보다 작은 것이면 오리, 개구리, 쥐, 다람쥐, 물뱀, 작은 물고기, 그 무엇이든 먹는다. 이 큰 물고기는 다른 물고기들이 탐내지 않거나 쓸모 없다고 여기는 것을 잘 찾아내어 먹고 산다.

가정에서의 자원선용

- 아무리 짧은 시간이라도 가족간의 끈끈한 유대감을 위해 함께하는 순간을 소중히 여긴다.
- 시간외근무, 휴가, 보너스에서 생기는 추가 소득을 현명하게 투자한다.
- 넉넉한 음식과 먹다 남은 음식을 처리할 창의적인 방법을 찾는다.
- 여가 시간을 활용하여 새로운 것을 배우고 창의력을 기른다.
- 후식을 들기 전에 자기 그릇에 있는 음식을 깨끗이 비운다.

자원선용의 보상

창의력
남은 음식, 돈, 물건, 시간을 사용할 새로운 방법을 찾아내도록 요구하면 창의력이 개발된다.

풍부한 이익
남은 자원을 현명하게 사용하면 그 자원의 가치가 올라간다. 적은 돈을 투자해도 시간이 지나 큰 돈이 되듯이 어떤 자원이라도 지혜롭게 쓰면 그와 같은 결과를 낳는다.

나의 결심 *I will...*

- 물건, 아이디어, 사람의 가치를 찾겠다.
  see value in objects, ideas, and people.
- 고치고, 다시 쓰고, 재활용하겠다.
  repair, reuse, and recycle.
- 시간, 재능, 에너지, 두뇌를 지혜롭게 쓰겠다.
  make wise use of my time, talents, energy, and mind.
- 안 쓰는 물건은 남에게 주거나 팔겠다.
  give away or sell the things I do not use.
- 함부로 버리지 않겠다.
  not litter.

자원선용 對 낭비
Resourcefulness vs. Wastefulness

다른 사람은 그냥 지나치거나 버릴 것에서도 쓸모를 찾는 것
Finding practical uses for that which others would overlook or discard

"세상의 모든 것은 어디엔가 쓸모가 있다."
― 드라이든

절제 對 탐닉
Self-Control vs. *Self-Indulgence*

그릇된 욕구는 물리치고 옳은 일을 행하는 것
Rejecting wrong desires and doing what is right

가정에서의 절제

- 성질부리는 것을 자제하고 분노가 있으면 해결한다.
- 아무리 화가 나도 서로 헐뜯는 말을 삼가고 격려가 되는 말만 하려고 조심한다.
- 부모는 자녀에게 적절한 영양 섭취, 활기찬 운동, 일찍 일어나기, 일일 계획표 지키기 따위와 같은 좋은 습관을 심어준다.

우드척이나 들다람쥐가 동면하는 것과 달리 흑곰은 넉 달이나 계속되는 동면 중에도 새끼에게 위험이 생기면 깨어날 수 있다.

절제의 보상

자유
긍정적인 습관과 훈련을 매일 실천하면 나쁜 습관에서 해방된다.

꿋꿋함
벽이 무너져 내린 요새를 그려보라. 무너진 요새 안에 있는 군대는 이제 적과 싸울 힘도 꿋꿋함도 없다. 마찬가지로 사람이 분노를 자제하지 못하고 폭발할 때 스스로를 약화시킨다. 자신의 성질을 다스릴 줄 아는 사람만이 힘과 꿋꿋함을 지닌다.

나의 결심 *I will...*

- 충동적으로 행동하지 않겠다.
  not act impulsively.
- 욕망을 권리로 여기지 않겠다.
  not equate my desires with rights.
- 스스로 제한하겠다.
  set my own limits.
- 화를 뭔가 잘못되었다는 신호로 알겠다.
  see anger as a sign that something is wrong.
- 옳지 않은 것들을 멀리하겠다.
  walk away from things that aren't right.

"약점을 극복하려면 그 약점에 만족해서는 안 된다."
— 윌리엄 펜

얼룩다람쥐는 다가올 겨울을 대비해 가을 내내 열매와 씨를 모은다. 그리고 땅 속 은신처 저장고에 먹이를 보관한다. 은신처에는 부엌, 거실, 침실, 욕실이 있다. 얼룩다람쥐는 은신처를 매우 청결하게 유지한다. 음식은 언제나 부엌에 보관하고 침실의 깔개는 곧게 펴고, 털도 늘 청결하게 유지한다.

"훌륭한 정돈은 모든 좋은 일의 초석이다."
드라이든

정돈 對 무질서
Orderliness vs. Confusion

능률을 한결 높이려고 자신과 주변 환경을 정리하는 것
Arranging myself and my surroundings to achieve greater efficiency

가정에서의 정돈

- 자신과 가족의 주간 활동 일정표를 작성한다.
- 각 가족의 필요를 충족시킬 수입의 예산을 세운다.
- 물건을 사용한 후에 시간을 내어 제자리에 갖다 두는 것을 익힌다.
- 시간, 돈, 공간이 허용하지 않는 것을 사고 싶은 유혹을 물리친다.
- 집안 모든 물건의 자리를 마련하고 공간이 모자라면 가진 물건을 기꺼이 버려서라도 모든 물건의 공간을 확보한다.

나의 결심 *I will...*

- 뒷정리를 꼭 하겠다.
  pick up after myself.
- 일터와 놀이터를 깨끗하고 단정하게 유지하겠다.
  keep my work and play areas clean and neat.
- 사용한 물건을 제자리에 두겠다.
  put things back where they belong.
- 물건을 본래 용도로만 쓰겠다.
  use things only for their intended purpose.
- 주운 물건은 주인에게 돌려주겠다.
  return lost things to their rightful owners.

정돈의 보상

평화
어지럽게 널려 있는 물건은 긴장을 일으키고 마음속의 평정을 빼앗는다.

성취
필요한 물건을 찾을 수 없거나 제대로 쓸 수 없는 상태이면 많은 시간과 에너지를 낭비하게 된다.

즐거움
어지럽게 널려 있는 물건을 정리하면 나머지 물건을 최대한 유용하게 쓸 수 있다.

나의 결심 *I will...*

- 깨끗한 양심을 지키겠다.
  keep a clean conscience.
- 법의 권위를 존중하겠다.
  respect the authority of the law.
- 순수하고 옳고 진실한 것을 거리낌없이 말하겠다.
  speak out for what is pure, right, and true.
- 편견에 매이지 않겠다.
  not harbor prejudices.
- 다른 논리에도 마음을 열어 두겠다.
  remain open to reason.

정의 對 부패
Justice vs. Corruption

깨끗하고 바르며 진실된 것을 지키기 위해 개인의 책임을 다하는 것

Taking personal responsibility to uphold what is pure, right, and true

"정의는 지구상의 인류에게 최대 관심사이다."
— 다니엘 웹스터

가정에서의 정의

- 순결한 생각, 바른 행동, 가족에게 충실한 삶에 대해 스스로 높은 기준을 세운다.
- 부모는 그릇된 결정을 내린 자녀를 징계하되 바른 결정을 내리도록 훈련한다.
- 깨끗하지 않거나 건강하지 않은 것으로부터 서로를 지킬 책임을 다한다.
- 내 소유는 모두 누군가에게 받은 것임을 깨닫고 자기 것을 서로 나눈다.

아프리카 숫코끼리는 무리의 질서를 지켜 어린 수컷들이 패를 지어 다른 동물이나 사람을 괴롭히지 못하게 막는다. 숫코끼리가 세운 확실한 명령체계로 무리 안의 모든 코끼리가 안전하게 지낼 수 있다.

정의의 보상

가정의 안정
가족이 모두 옳은 일을 향한 양심에 따라 책임 있게 행동하면 가정은 부패로 무너지지 않는다.

안전한 사회
범법자를 신속하고 단호하게 처벌하면 범죄는 크게 줄어든다. 그러면 부모가 굳이 안전을 염려하지 않아도 아이들은 안전한 환경에서 자랄 수 있다.

"뛰기 전에 살펴보라."
무명

가정에서의 조심성

- 큰 지출을 결정하기 전에 돈이 충분한지 미리 살핀다.
- 괜찮아 보이는 기회라도 나쁜 영향이 있는지 살펴 피한다.
- 마지막 결정을 내리기 전에 서로 조언을 구한다.
- 좋은 성품을 기르는데 도움이 되는지 안 되는지에 따라 가족의 활동을 판단한다.
- 남의 물건을 가져가거나 옮기기 전에 주인의 허락을 받는다.

조심성의 보상

기초
가정은 지혜롭게 미리 조심하는 만큼 더 강하고 헌신적인 가정이 된다.

평안
해를 끼칠 가능성이 있는 활동의 바람직하지 않은 결과를 미리 내다보면 확신과 평안 가운데 현명한 결정을 내릴 수 있다.

과단성
조심할 것을 미리 잘 생각해서 평가해보면 결단력이 커진다.

나의 결심 *I will...*

- 행동하기 전에 먼저 생각하겠다.
  think before I act.
- 안전수칙을 따르겠다.
  follow safety rules.
- 먼저 허락을 구하겠다.
  ask permission.
- 적절한 때를 가려 말하겠다.
  talk at the right time.
- 위험한 것이 없는지 살피겠다.
  look out for danger.

사방이 확 트인 대평원에 사는 프레리도그는 늘 조심할 수 밖에 없다. 수많은 맹수에게 최고의 먹잇감이다 보니 조심성이 습관처럼 몸에 배어있다.

조심성 對 성급함
Cautiousness vs. Rashness

옳은 행동이라도 적절한 시기가 얼마나 중요한지를 아는 것
Knowing how important right timing is in accomplishing right actions

존중  對 무례함
Deference vs. Rudeness

주위 사람의 기호를 거스르지 않기 위해 내 자유를 제한하는 것
Limiting my freedom so I do not offend the tastes of those around me

가정에서의 존중

- 가족에게 고운 말씨를 사용한다.
- 눈에 거슬리지 않도록 집에서 단정한 옷을 입는다.
- 나이 어린 가족에게 좋은 본이 되기 위해 옳지 않은 행동을 자제한다.
- 말대꾸나 나쁜 말을 하지 않고 부모님을 공경한다.

존중의 보상

존경
남에게 상처가 될 만한 행동을 스스로 삼가는 사람은 존경을 받는다.

좋은 평판
다른 사람을 존중하여 자신의 자유를 제한하는 사람은 좋은 평판을 쌓고 칭찬을 받는다.

회색늑대는 힘센 야생동물이다. 그러나 혼자서는 여럿이 뭉칠 때에 비하면 형편없이 약하다. 늑대는 함께 뭉쳐 다녀서 자신보다 크고 힘센 동물도 잡을 수 있다.

나의 결심 *I will...*

- 주변 사람들을 의식하겠다.
  notice those around me.
- 다른 사람의 감정을 존중하겠다.
  respect the feelings of others.
- 거친 말을 하지 않겠다.
  not use offensive language.
- 공공장소에서 음악을 크게 틀지 않겠다.
  not play loud music in public.
- 옷차림에 유의하겠다.
  be careful how I dress.

"사람들과 함께 있을 때 우리의 모든 행동은 그 사람들을 존중하는 마음을 드러내야 한다."

조지 워싱턴

지혜 對 어리석음
Wisdom vs. Foolishness

날마다 내리는 결정에 진리를 구체적으로 적용하는 것
Making practical applications of truth in daily decisions

가정에서의 지혜

- 서로 조언을 구하고 성급한 결정을 피한다.
- 가족의 상하 질서를 가족 화합의 필수요소로 본다.
- 어리석은 결정이 가져올 결과를 미리 그려보고 이를 피할 방법을 찾아 가족을 보호한다.
- 지혜롭고 명철한 친구를 찾는다.
- 자녀는 부모가 인정하는 친구를 사귄다.
- 현명한 사람들의 본을 보고 배운다.

수백 년 동안 큰뿔부엉이는 지혜의 상징으로 여겨졌다. 두 눈이 크고 둥글고 귀가 예리하고 부리가 아주 작다는 이유에서였다.

나의 결심 *I will...*

- 부모님과 선생님의 말씀을 귀담아 듣겠다.
  listen to my parents and teachers.
- 지적을 달게 받겠다.
  learn from correction.
- 친구를 신중히 선택하겠다.
  choose my friends carefully.
- 모든 행위에 대가가 따름을 기억하겠다.
  remember there are consequences to all my actions.
- 무엇이 옳은 일인지 묻겠다.
  ask, "What is the right thing to do?"

지혜의 보상

조심성
현명한 시각으로 현재 상황을 보면 조심성과 통찰력이 생겨 바람직한 결과와 유익을 가져올 결정을 내리게 된다.

성공
현명한 사람은 다양한 행동의 유익함과 위험성을 내다보고 성공에 이르는 행동을 선택한다. 그래서 단순한 사람이 빠질 문제와 함정을 피한다.

"지혜를 얻은 것만으로는 충분하지 않다. 지혜는 활용해야 빛이 난다."
— 키케로

"정직이 최선의 정책이다."
조지 워싱턴

진실성 對 속임
Truthfulness vs. Deception

과거 사실을 정확히 보고하여 미래의 신뢰를 얻는 것
Earning future trust by accurately reporting past facts

가정에서의 진실성

- 존경은 잘못을 감추는 것이 아니라 잘못을 고백하여 얻는 것임을 알고 서로 숨김없이 투명하게 공개한다.
- 물건을 싸게 사서 얼마를 벌었는지보다 얼마를 썼는지를 정확하게 밝힌다.
- 자녀는 문제가 될 만한 행동을 부모님께 자세히 말씀드려 부모님이 그 행위에 관련된 사람들과 상황에 대해 올바로 파악하게 한다.
- 서로에게 좋은 인상을 주려고 사실을 과장하지 않는다.

진실성의 보상

깨끗한 양심
속이면 신체적, 감정적, 정신적, 영적 대가를 치르고 결국 죄책감에 빠진다. 진실하면 담대함과 자신감이 생긴다.

신뢰
진실성은 온전함의 기초로서 사람들의 신뢰를 자아낸다.

나의 결심 *I will...*

- 진실을 말하겠다.
  tell the truth.
- 진실한 사람이 되도록 다른 사람을 격려하겠다.
  encourage others to be truthful.
- 속이거나 훔치지 않겠다.
  not cheat or steal.
- 내 잘못을 시인하겠다.
  admit when I am wrong.
- 사실과 다르게 과장하지 않겠다.
  not exaggerate to make things seem different from what they are.

아프리카 사자는 다른 동물과 사람에게 두려운 존재다. 모두 사자의 힘과 위상을 우러러본다. 아프리카 소년들은 용감한 행동을 보여야만 성인이 된다. 그래서 사자를 죽여야 할 때가 많았다. 소년들은 사자의 몸짓 언어에 대응하는 법을 배워 사자가 고개를 숙이거나 이빨을 드러내면 다음에 어떤 행동을 할지 미리 알 수 있었다.

창의성

對 지지부진

Creativity vs. Underachievement

새로운 관점에서 필요나 일이나 생각에 접근하는 것
Approaching a need, a task, or an idea from a new perspective

너구리만큼 호기심 많고 창의력 있는 동물은 없다. 너구리는 농가 곳간의 문빗장을 어떻게든 열어내는 재주로 유명하다.

가정에서의 창의성

- 일을 하면서 노래를 부르거나 일이 끝난 후 한턱 내는 등, 집안일을 즐겁게 하는 방법을 찾는다.
- 생일, 휴가, 공휴일에 함께 갈 곳을 찾고, 함께 즐길 놀이를 개발하여 새로운 전통을 세운다.
- 자신만의 독특한 감사 카드 만드는 법을 배운다.
- 숙제를 학습놀이로, 외울 것은 노래로 바꿔 한다.

창의성의 보상

좋은 추억
평일은 물론 특별한 휴일에 재미있는 모험을 하게 되면, 오랫동안 웃으며 즐길 좋은 추억거리가 된다.

성취
맡은 일을 창의적이고 독특한 방법으로 해내면 큰 성취감을 맛볼 수 있다.

나의 결심 *I will...*

- 내 재능을 선한 일에 쓰겠다.
  use my talents for good.
- 사물을 여러 관점에서 보겠다.
  see things from more than one perspective.
- 원칙을 가지고 문제를 해결하겠다.
  use principles to solve problems.
- 최대한 배우겠다.
  learn all I can.
- 성품을 기르는 새로운 방법들을 찾겠다.
  look for new ways to build my character.

"현재 당면한 큰 문제는 그 문제가 처음 생길 당시와 같은 수준의 생각으로는 해결할 수 없다."

알버트 아인슈타인

"모든 권리에는 책임이 따른다." 루이스 슈벨렌바흐

나의 결심 *I will...*

- 약속을 지키겠다.
  keep my promises.
- 변명하지 않겠다.
  not make excuses.
- 내 모든 일에 능력을 다하겠다.
  do all my work to the best of my ability.
- 잘못한 일은 바로잡겠다.
  make things right when I do wrong.
- 내 의무를 알고 완수하겠다.
  know and do my duty.

책임감

對 무책임

Responsibility vs. Unreliability

내게 기대하는 바를 알고 마땅히 행하는 것
Knowing and doing what is expected of me

가정에서의 책임감

- 부모는 부지런히 일하여 가족의 필요를 채운다.
- 집안을 효율적이고 원활하게 꾸려야 할 책임을 받아들인다.
- 부모는 자녀에게 격려와 조언을 아끼지 않는다.
- 자녀는 행동, 말, 몸짓에서 부모님께 순종하고 부모님을 공경한다.
- 각자 자기 능력껏 기술을 개발한다.

책임감의 보상

신뢰
주어진 일을 끝낼 때 사람들에게 신뢰를 얻는다. 좋은 평판은 더 큰 책임을 맡을 기회의 문을 열어준다.

이익
사람은 심은 대로 거두기 마련이다. 자기 일에 소홀한 사람은 그 대가로 아무것도 거두지 못한다. 그러나 남이 기대하는 것을 완수하는 사람은 일에 쏟은 수고보다 더 큰 이익을 거둔다.

당당한 모습의 흰머리독수리는 높은 둥지에 앉아 자기 영토 전체를 날카롭게 바라본다. 예리한 눈을 지닌 이 독수리는 하늘 높이 솟아 올라서도 1킬로미터가 넘게 멀리 떨어진 곳에서 움직이는 물체를 포착할 수 있다.

북미 악어는 태어날 새끼를 위해 작은 것도 대충 넘기지 않고 주의 깊게 준비한다. 어미는 가장 좋은 장소를 찾아 깨끗이 치우고 정확한 규격에 맞춰 둥지를 친 다음, 새끼가 안전하게 부화할 때까지 흠 없이 관리한다.

가정에서의 철저함

- 가전 제품을 수리하다 만 채로 방치하거나 연장을 망가진 채로 두지 않는다.
- 부모는 자녀가 가구 밑과 선반 뒷부분까지 깨끗이 청소하도록 한다.
- 자녀는 외출했다가 늦어지면 집에 전화한다.
- 숙제는 남이 알아볼 수 있도록 또박또박 써서 마친다.
- 가족 모두가 전화 메시지를 정확하게 받고 전달하는 체계를 갖춘다.

철저함의 보상

성취감
일을 완전히 끝마치면 특별한 성취감을 경험한다.

창의력
제한된 시간에 일을 철저히 끝마치려 할 때 창의성과 독창성이 발동한다.

철저함

對 적당주의

Thoroughness vs. *Incompleteness*

일이나 말에서 무시하고 넘어가면 효력을 떨어뜨릴 요소를 아는 것
Knowing what factors will diminish the effectiveness of my work or words if neglected

성품 위인 이야기

조지 워싱턴 카버
(1861-1943)

조지 워싱턴 카버는 어릴 때 자연과 그림을 무척 좋아했지만 일과 공부도 소홀히 해서는 안 된다는 것을 배웠다. 우선순위를 제대로 지키는 철저함은 그가 나중에 식물학자와 화학자가 되었을 때 크게 도움이 되었다. 터스키지 연구소의 농학 교수로 있을 때 농부들이 그를 찾아와 메마른 땅의 생산성을 회복시킬 방법을 물었다. 세심한 연구 끝에 땅콩 재배가 최적이라는 사실을 발견했다. 농부들은 땅콩을 심어 큰 수확을 얻었지만 이제는 넘치는 땅콩을 내다 팔 시장이 없었다. 카버 교수는 책임을 느끼고 시장을 개척하여 농부를 돕기로 했다. 이틀 만에 땅콩의 용도 스무 개를 찾아냈다. 이에 만족하지 않고 평생 동안 연구를 거듭한 끝에 땅콩버터를 비롯해 땅콩의 용도 삼백 개를 찾아냈다.

나의 결심 *I will...*

- 일을 계획하겠다.
  plan my work.
- 세세한 것까지 주의를 기울이겠다.
  pay attention to details.
- 낱낱이 기록하여 빠뜨리지 않겠다.
  make a list so I don't forget.
- 시작한 것은 끝내겠다.
  finish what I start.
- 그때그때 치우겠다.
  clean up along the way.

"사소한 것을 등한시하는 사람은 조금씩 망해간다."
— 속담

"참된 애국심은 짧게 열광하는 감정의 폭발이 아니라 잔잔하고 한결같은 평생의 헌신이다."
애들레이 스티븐슨

충성 對 불충실
Loyalty vs. Unfaithfulness

어려울 때일수록 내가 섬기는 사람에게 헌신을 다하는 것
Using difficult times to demonstrate my commitment to those I serve

가정에서의 충성

- 어려운 시기에도 재미있는 나들이로 서로에게 뜻밖의 감동을 준다.
- 부모는 힘든 시기에도 자녀의 활동에 계속 관여한다.
- 사 줄 능력이 안되는 물건 때문에 부모의 마음이 상하지 않도록 자녀는 그 물건을 기꺼이 포기한다.
- 가족들의 마음이 서로 멀어지도록 영향을 끼치는 것들을 피한다.

충성의 보상

결속
힘든 시기에 서로 똘똘 뭉치는 가족은 위기를 맞기 전보다 관계가 더 단단해지는 깊은 연대감을 경험한다.

신뢰
정신적 충격, 재정적 어려움, 성격 갈등 속에서도 계속 가족을 지키기로 마음먹으면 쉽게 무너지지 않는 가족간의 신뢰를 쌓는다.

기러기 수컷 두 마리가 동시에 암컷 하나에게 관심을 보일 때 수컷들은 힘겨루기에 들어간다. 이를 지켜보던 암컷이 받아주는 수컷이 평생 짝이 된다. 그렇다고 항상 이긴 쪽을 선택하는 것은 아니다. 기러기 한 쌍은 말 그대로 '병들 때나 건강할 때나 죽음이 둘을 갈라놓기까지' 서로에게 변함없이 충성한다.

성품 위인 이야기

사카자웨아 (1784?-1812?)

사카자웨아는 다섯 살 때 마을을 습격한 적의 부족에게 포로로 잡혔다. 태평양 연안으로 탐험을 준비하던 윌리엄 클라크와 메리웨더 루이스가 사카자웨아와 그녀의 남편과 아기를 만나게 되었는데, 사카자웨아가 그 지역 지리와 언어를 잘 알고 있었기에 사카자웨아 가족에게 원정에 참여하길 제안했다. 사카자웨아는 수많은 일로 원정대를 충실하게 섬겼다. 카누 한 대가 돌풍에 의해 뒤집히자 목숨을 아끼지 않고 뛰어들어 식량을 건져내기도 했다.

원정대는 출발한 지 1년이 넘어서야 태평양 연안에 도착했다. 원정대의 임무에 헌신을 아끼지 않은 사카자웨아의 충실함이 원정대의 성공에 크게 기여한 요인이었다.

나의 결심 I will...

- 가족과 선생님을 섬기겠다.
  serve my family and teachers.
- 어려움에 처한 사람을 격려하겠다.
  encourage others in hard times.
- 권위자를 놀리지 않겠다.
  not mock authorities.
- 다른 사람의 장점을 말해주겠다.
  point out the good in others.
- 조국을 소중히 여기겠다.
  honor my country.

가정에서의 포용

- 가족의 약점보다 강점에 초점을 맞춘다.
- 부모는 자녀가 각기 다른 수준의 열성과 성숙도로 좋은 성품을 계발하며 성장하는 것을 깨닫는다.
- 부모는 자녀를 편애하지 않는다.
- 자녀는 부모님도 성품이 성장하는 과정에 있으며 완벽하지 않음을 받아들인다.
- 가족끼리 서로 참아준다.

포용의 보상

분별
사람마다 각기 다른 신념과 성숙의 단계가 있음을 깨닫게 되면 다른 사람에게 진정 필요한 것이 무엇인지 잘 분간할 수 있다.

수용
다른 이들의 성품의 결점을 판단하기보다 그들의 필요를 분별하는 것은 상대방을 배려하고 수용하는 태도를 보이는 것이다. 다른 사람을 받아들이는 사람은 자신의 개인적인 약점에도 불구하고 다른 사람을 받아들이는 만큼 자신도 받아들여진다.

"그대의 모든 결점에도 나는 여전히 그대를 사랑한다오."
— 윌리엄 카우퍼

나의 결심 *I will...*

- 눈에 보이는 것 너머를 보겠다.
  look beyond appearances.
- 사람들을 있는 그대로 받아들이겠다.
  accept people for who they are.
- 다른 사람의 성품이 자라도록 돕겠다.
  help others grow in character.
- 나 자신을 먼저 살피겠다.
  look at myself first.
- 인기 있는 것을 옳은 것으로 혼동하지 않겠다.
  not confuse what is right with what is popular.

포용 對 편견
Tolerance vs. Prejudice

사람마다 다른 수준에서 성품이 계발되고 있음을 깨닫고 받아들이는 것

Realizing that everyone is at varying levels of character development

미국 동부지역에 서식하는 거북이의 부드러운 살은 호기심 많은 너구리의 별미다. 민첩한 너구리에 대항해 싸울 수 없는 거북이는 등딱지 속으로 숨어야 한다. 너구리가 등딱지를 열 틈새를 찾기 위해 거북이를 만지작거리며 한동안 뒤집고 내동댕이쳐도 거북이는 등딱지를 꼭 붙들고 꼼짝하지 않은 채 묵묵히 견딘다.

환대

對 홀로 지냄

Hospitality vs. Loneliness

기꺼이 음식이나 숙소나 대화를 나누어 다른 사람에게 혜택을 주는 것
Cheerfully sharing food, shelter, or conversation to benefit others

가정에서의 환대

- 이웃과 대화하고 새로운 사람을 만나며, 모르는 사람과도 미소로 인사를 나누어 다른 사람들을 친구처럼 대한다.
- 집안 정리와 청소와 음식을 준비하여 손님 맞을 준비를 한다.
- 손님맞이에 필요한 예의범절과 대화 기술을 매일 연습한다.
- 갑작스레 찾아오는 손님에게도 집을 제공할 수 있도록 늘 집안을 정돈한다.

환대의 보상

영향력
사람을 집에 초대하여 음식을 나누면 초대 받은 사람은 초대한 사람의 참된 배려에 큰 영향을 받는다.

모범
지혜로운 어르신을 집에 초대하여 그분의 삶에서 직접 겪은 성품 이야기를 들을 때 우리의 자녀가 큰 영향을 받는다.

미국 서부의 산양은 동굴 속이나 산비탈에서 산다. 그곳에서 무리를 지어 서로를 환대하며 함께 나누고 서로의 안전을 지키려고 보초를 선다.

나의 결심 *I will...*

- 방문객을 환영하겠다.
  welcome visitors.
- 상대방이 중요한 사람임을 느끼게 해 주겠다.
  make others feel important.
- 손님 맞을 준비를 하겠다.
  prepare for guests.
- 내 것을 기꺼이 나누겠다.
  gladly share my things.
- 아무런 보답을 바라지 않겠다.
  not expect anything in return.

성품 위인 이야기

돌리 매디슨 (1768-1849)

돌리 매디슨이 열 다섯 살 때 돌리의 아버지가 집안의 노예를 풀어주면서 경제 사정이 급격히 나빠졌다. 결국 돌리는 학교를 그만두고 이전 같으면 하인이 했을 부엌일과 집안일을 도맡아야 했고, 여섯 동생의 옷을 만드는 책임까지 맡았다.

이런 어려움 가운데 습득한 기술 덕분에 국무장관의 아내로서 혼자된 제퍼슨 대통령의 백악관 안주인 역할을 해야 하는 상황에서 다른 사람의 필요에 민감하게 반응할 수 있었다.

16년간 대통령 영부인을 대신하는 동안 매디슨 여사는 뛰어난 사교성으로 유명해졌고, 고상한 재치로 대화를 이끌어 갈등을 해결했다. 1812년 전쟁에서 영국군에 의해 백악관이 불타자 임시 막사에서 계속 손님을 맞이했다. 워싱턴의 한 주민은 돌리의 환대능력에 대해 "메디슨 여사만큼 완벽하게 적절한 행동을 할 수 있는 사람은 절대로 없을 것이다."라고 썼다. 메디슨 여사는 워싱턴에서 죽을 때까지 환대를 계속했다.

"친구를 얻으려면 친구가 되라." 속담

갈색펠리컨은 물고기를 잘 잡는 신체구조를 가지고 있어, 자신뿐 아니라 남에게 줄 물고기까지 충분한 양을 잡는다. 입에 물고 있는 물고기를 다른 새들이 낚아채 가도, 펠리컨은 힘들어 하거나 쫓아가 뺏으려 하지 않는다.

가정에서의 후함

- 혼자서 마칠 수 없는 일을 서로 돕는다.
- 가족 모두에게 유익하지 않은 것에 돈을 많이 쓰지 않는다.
- 자녀에게 꼭 필요한 것을 채워주기 위해 부모는 돈과 시간을 아끼고 자녀가 원한다고 다 사주지 않는다.
- 집안일과 식사 준비를 돕기 위해 숙제를 제때 끝마친다.
- 자기만의 여가 시간을 포기하고 가족과 함께 활동한다.

후함 對 인색함
Generosity vs. Stinginess

자원을 신중하게 관리하여 필요한 사람에게 아낌없이 주는 것
Carefully managing my resources so I can freely give to those in need

후함의 보상

기쁨
많이 나누어 줄수록 더 행복해진다는 것은 후함의 역설이다. 주는 것이 받는 것보다 더 큰 행복을 안겨준다.

우정
받는 사람이 누리는 물질적 유익보다 더 중요한 것은 주고 받는 사람 사이에 생기는 관계이다. 깊은 우정은 어떤 희생보다 값지다.

나의 결심 I will...

- 가진 것을 나누어 쓰겠다.
  share what I have with others.
- 주기 위해 절약하겠다.
  save so that I can give.
- 베푼 것에 대해 어떤 보답도 바라지 않겠다.
  not expect anything in return for my generosity.
- 시간과 재능을 아낌없이 내주겠다.
  give of my time and talents.
- 다른 사람의 좋은 점을 칭찬하겠다.
  praise the good I see in others.

"아무리 후하게 주어도 지나치는 법은 없다. 지나치게 후히 주는 일은 시도하는 사람도 거의 없고 성공하는 사람도 없다."

퍼시벌 C. 렌

진정한 성공의 길

"덕과 행복은 불가분의 관계이다."
조지 워싱턴

성품 훈련의 보상…

가정의 안정 57	성숙 53	준비성 23
가족의 축복 32	성취 21, 56, 62	즐거움 48, 56
건강 29, 33	성취감 64	지식의 열쇠 24
결속 65	소망 53	지혜 22
공경 22, 25, 43	수용 66	창의력 54, 64
공급 21, 40	승진 27	책임 42
과단성 35, 58	신뢰 26, 43, 61, 63, 65	칭찬 25, 42
기쁨 20, 68	안전 23, 31, 44	통찰력 50
기초 58	안전한 사회 57	튼튼한 뼈 46
기회 30, 32	안정 51	평안 58
깨끗한 양심 61	영향력 67	평정 48
꿋꿋함 55	용기 52	평화 56
동지애 38	우정 20, 28, 44, 49, 68	풍부한 이익 54
만족 45, 52	이익 63	풍요 51
모범 67	이해심 47	형통 38
방향 27, 40	인지력 34	호감 28, 37
보호 40	자녀의 유산 39	화평 36
부유함 39	자유 55	화평과 안전 37
분별 66	조심성 36, 60	회복 46
비전 45	존경 24, 41, 59	효율 41
사랑 49	좋은 것 35	힘 29, 30, 47
삶의 목적 34	좋은 추억 62	
성공 26, 50, 60	좋은 평판 59	

성품 가정 세우기

품성의 균형이 필요한 이유

우리는 성품을 49가지 덕목으로 나누고 이를 품성으로 명명한다. 각 품성은 전체의 부분이고, 49가지 품성이 서로 조화를 이뤄야 건강한 인격을 형성한다. 품성 훈련의 목적은 몇 가지 성을 단련하여 개별 점수를 높이는 것이 아니라 상호보완적인 각 품성을 시의적절하게 발휘하여 관계를 세우는 데 있다.

예를 들어, 순종은 나를 책임지고 있는 사람의 지시를 즉시 기쁘게 수행하는 것인데 이 순종에는 몇 가지 균형이 필요하다. 첫째, 순종은 즉시 해야 하지만 그렇다고 성급하게 해서도 안 된다. 시간이 걸리더라도 차근차근 제대로 하는 인내가 필요하다. 빨리만 하려다가는 처음부터 다시 해야 하는 경우가 자주 있기 때문이다. 둘째, 순종을 할 때 지시를 문자적으로만 해석해서 빠져나갈 구멍을 찾는 경우가 있을 수 있으므로 지시 받은 내용의 참뜻과 지시자의 기대를 살펴서 마땅히 해야 할 일을 완수하는 책임감이 필요하다. 셋째, 권위자가 중압감이나 정보 부족 때문에 잘못된 지시를 내릴 경우가 있을 수 있으므로 창의성을 갖고 적절하게 대안을 호소하여 권위자가 궁극적 목적을 달성하도록 돕는 것이 필요하다. 이렇게 순종은 인내, 책임감, 창의성과의 균형을 통해 관계를 바르게 세우게 된다.

1. **감사** …… 용서 / 신실 / 정의
2. **검약** …… 담대함 / 열성 / 후함
3. **겸손** …… 열성 / 책임감 / 담대함
4. **경각심** … 조심성 / 신중 / 책임감
5. **경청** …… 솔선 / 담대함 / 경각심
6. **공경** …… 창의성 / 겸손 / 덕
7. **과단성** … 책임감 / 민감성 / 신중
8. **근면** …… 지혜 / 포용 / 유용성
9. **긍휼** …… 신실 / 책임감 / 겸손
10. **기쁨** …… 신중 / 믿음 / 민감성
11. **끈기** …… 솔선 / 기쁨 / 지혜
12. **담대함** … 창의성 / 긍휼 / 설득

13. 덕 ...... 온화함/인내/겸손	26. 안정 .... 기쁨/창의성/경각심	39. 조심성 ... 사랑/창의성/과단성
14. 만족 ..... 후함/덕/솔선	27. 열성 ..... 진실성/정돈/온화함	40. 존중 ..... 과단성/신실/정의
15. 민감성 ... 기쁨/분별/담대함	28. 온유 ..... 기쁨/감사/정의	41. 지혜 ..... 사랑/신중/겸손
16. 믿음 ..... 끈기/분별/겸손	29. 온화함 .... 설득/의지력/정의	42. 진실성 .... 신중/철저함/사랑
17. 분별 ..... 진실성/겸손/신중	30. 용서 ..... 지혜/포용/정의	43. 창의성 ... 정의/신뢰성/조심성
18. 사랑 ..... 열성/신중/책임감	31. 유연성 ..... 신뢰성/진실성/덕	44. 책임감 ...... 온화함/겸손/덕
19. 설득 ..... 솔선/겸손/존중	32. 유용성 ... 책임감/지혜/조심성	45. 철저함 ... 책임감/포용/과단성
20. 솔선 .... 의지력/순종/조심성	33. 의지력 ... 지혜/겸손/유연성	46. 충성 ...... 경각심/**안정**/정의
21. 순종 ...... 창의성/책임감/인내	34. 인내 ...... 경각심/창의성/분별	47. 포용 ..... 분별/덕/담대함
22. 시간엄수 ... 온화함/**철저함**/인내	35. 자원선용 ... 후함/정돈/지혜	48. 환대 ..... 검약/책임감/과단성
23. 신뢰성 ...... 창의성/포용/덕	36. 절제 ..... 기쁨/설득/포용	49. 후함 ...... 신중/시간엄수/신실
24. 신실 ...... 기쁨/존중/신중	37. 정돈 ..... 근면/유연성/인내	
25. 신중 ..... 기쁨/과단성/담대함	38. 정의 ..... 정돈/겸손/지혜	

어떻게 하면 성품을 배운 가정이 온 나라에 좋은 영향을 끼칠 수 있을까요?

자녀 교육을 제대로 하려고 최선을 다하지만 자녀들을 둘러 싸고 있는 세상 문화 풍조를 막기에는 역부족인 것을 발견하고 좌절감을 느낀 적이 있습니까? 자녀가 반항하며 집을 뛰쳐나가는 순간 여러분의 모든 수고와 기대가 무너져 내린 적이 있습니까?

해결책을 찾기가 쉽지 않은 상황에서 우리가 할 수 있는 최선의 길은 어디에 있을까요?

여기 좋은 소식이 있습니다. 이러한 상황을 바꿀 수 있는 길이 있습니다. 이 길은 가정에서부터 시작합니다. 바로 성품가정을 세우는 것입니다.

국가의 힘은 가정의 힘에 달려 있습니다. 한 가정이 성품을 갖추면 그 가정의 주위 사람들에게 영향을 끼칩니다. 성품가정은 그 가정의 구성원이 속해 있는 공동체에 영향을 끼치고, 더 나아가 온 나라에 영향을 줄 수 있습니다. 결국 한 가정의 변화가 온 나라를 바꾸게 되는 것입니다.

사람들은 성품을 주로 막연한 개념으로 말합니다. 성품이 구체적으로 무엇인지, 더 나아가 어떻게 계발하는 것인지 아는 사람은 많지 않습니다.

한국품성훈련원의 성품훈련 프로그램은 성품을 기르는 데 도움이 되는 49가지 구체적인 품성을 훈련하도록 짜여져 있습니다. 이 각각의 품성을 훈련하고 다른 품성과 조화를 이루면서 전체적인 성품이 계발되어 갑니다.

한국품성훈련원에서는 여러 가지 성품훈련 교재와 세미나, 훈련을 통해 자신의 삶을 바꾸고 가정과 사회를 변화시키고자 하는 분들을 적극적으로 돕고 있습니다.

우리 모두 힘을 모아 성품 가정, 성품 사회, 성품 국가를 세워 나갑시다!

성품 훈련 안내

일반 성품 훈련

종류	대상	내용
가정세미나	개인	가정에서 성품을 훈련하는 법
성품교사 예비교육 세미나	교육기관 종사자	교육기관에서 성품을 훈련하는 법
개별 품성훈련	개인/단체	49가지 개별품성 훈련
성품교실	개인/단체	개별품성 지도, 각종 성품교재 활용법

성품 강사 훈련

종류	대상	내용
가정세미나 강사 훈련	개인, 가정, 그룹 대상 성품강사 희망자	가정에서 성품을 가르치는 법
성품 교사예비 교육 세미나 강사 훈련	학교, 유치원, 교회학교 등 교육기관 종사자 대상 성품강사 희망자	교육기관에서 성품을 가르치는 법
성품컨설턴트 훈련	개인, 가정, 교육기관, 기업체, 단체 등 전분야 대상 성품컨설턴트 희망자	성품에 관한 전반적인 훈련

성품 교재 안내

가정세미나 워크북

가정세미나에서는 가정에서 성품을 가르치는 일을 잘 준비하도록 도와드립니다. 온 가족이 집안에서 품행과 성품의 높은 표준을 갖고 살아가는 법을 함께 배웁니다. 그래서 가족간의 관계가 돈독해질 뿐 아니라 어떻게 하면 좋은 성품을 기를까 고민하는 다른 가정들에게도 도움을 줄 수 있습니다.

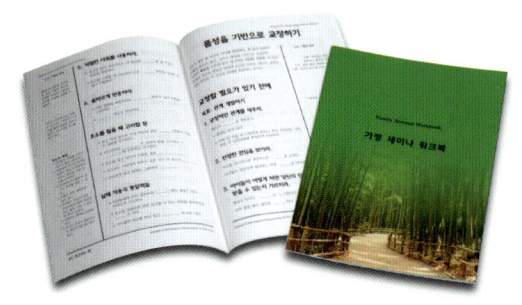

품성 포켓 가이드

아이들이든, 남편이든, 아내든, 직장 동료든, 누구든지 성품이 좋다는 칭찬을 들으면 좋아합니다. 품성 포켓가이드를 활용하면 누구나 주위 사람들이 일상생활에서 좋은 품성을 보일 때 구체적으로 칭찬하는 법을 익힐 수 있습니다. 크기가 작기 때문에 지갑이나 호주머니에 넣고 다니다가 다른 사람의 좋은 성품이 눈에 띄면 바로 꺼내 품성 정의를 참고하여 칭찬할 수 있습니다.

진정한 성공의 길

'진정한 성공의 길'은 49가지 품성을 배우고자 하는 가정을 위한 성품 자료와 사용 설명서가 함께 들어 있는 책입니다.

교사 예비교육 세미나 워크북

학교나 유치원은 가정용 성품 훈련 프로그램을 보완해야 할 필요가 있습니다. 그러므로 교사 예비교육 세미나에서는 학교, 유치원 등 교육기관에서 학생들에게 성품을 잘 교육할 수 있도록 도와드립니다. 대개 해당 지역의 성품 강사가 직접 현장에 방문하여 집단 교육 환경에서 성품을 가르치는 데 유용한 지침을 전수합니다.

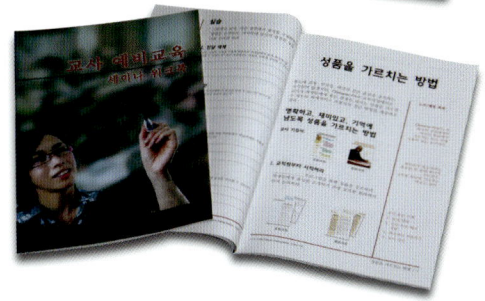

품성 포스터 - 시리즈 1

포스터 시리즈 1에는 경청, 순종, 진실함, 감사, 정돈, 후함, 신실, 용서, 덕의 9가지 품성 포스터 각 1매와 49가지 품성목록 포스터 1매, 총 10매의 포스터가 들어 있습니다. 이 포스터를 벽에 붙여 놓으면 학생과 교사들이 볼 때마다 품성을 되새기고, 각 품성에 따른 나의 결심 다섯 가지를 외우는 데 도움이 됩니다.

품성 참고 카드

품성 참고 카드는 각 품성의 가장 중요한 내용을 요약한 카드입니다. 품성의 정의, 핵심개념, 적용을 위한 질문, 나의 결심, 동물이야기가 들어 있어서 훈련에 참여하는 어린이나 어른들이 분명한 목적을 가지고 훈련하기에 유용한 자료입니다.

품성 달력

품성달력에는 매달 한 가지 품성씩 일년에 열두 가지 품성의 정의, 나의 결심, 아름다운 동물 그림과 이야기가 들어 있어서 한 달에 한 품성을 집중적으로 훈련할 수 있습니다. 어린이들은 누가 가르치지 않아도 늘 달력을 보면서 자연스럽게 품성에 관심을 갖고 배우게 됩니다.

성품훈련 및 교재에 대해 더 자세히 알고 싶으신 분은 www.kr.iblp.org를 방문하시거나, 이메일 : office@kr.iblp.org 로 연락하십시오.

성품 가정

성품에 근거하여 지혜롭게 결정하기!

권영민 님 부부와 자녀들

여러 해 전 저와 아내는 처음으로 성품 훈련에 대해서 들었을 때 그 의미가 잘 와 닿지 않았습니다. 성품이 무엇을 의미하고 그것이 중요하다는 것까지는 알았지만, 훈련을 통해 성품을 가르친다는 것이 무엇인지는 분명치 않았습니다. 왜냐하면 성품은 평생을 통해 삶을 겪으면서 천천히 쌓아가는 것이지 어떤 교과목을 공부하듯이 배울 수 있는 것은 아니라고 생각했기 때문입니다.

매일매일의 선택과 결정

하나님께서 저희에게 새 아기를 보내주실 때마다 저희 가정은 계속 커졌습니다. 그러나 예상치 못한 많은 문제와 어려움에 직면했습니다. 가족 모두가 안정되고 행복하게 성장하지 못하고 날마다 엄청난 스트레스와 압박에 시달렸습니다. 크고 작은 매일매일의 결정과 선택들이 그날 하루의 생활과 한 가족이라는 배의 항로에 큰 영향을 미쳤습니다. 이런 경험은 성품을 다시 생각하는 기회를 가져다주었습니다. 매일매일의 결정과 선택을 잘 하려면 성품이 무엇보다 중요하다는 사실을 배우게 되었기 때문입니다.

관계를 건강하게 하는 요소

가족 안에서 서로 다른 의견과 감정, 갈등이 있을 때 각자에게 근면, 책임감, 솔선, 포용, 만족, 민감성, 용서, 겸손, 온유, 감사와 같은 성품이 없이는 평화롭고 보람된 가족의 생활을 영위할 수가 없었습니다. 사실 가정 안에서 생기는 어려움은 서로 다른 개성보다 기본 성품의 부족으로 인한 경우가 대부분이었습니다. 예를 들면, 부모님 말에 순종하는 일, 식사 준비를 돕는 일, 자기가 쓴 물건을 제자리에 넣는 일은 가정의 질서와 행복을 위해 꼭 필요한데 이런 일들은 아이들의 성품을 요합니다. 이처럼 우리 각자가 좋은 성품들을 보여줄 수 있을 때는 가족 모두가 곧바로 그 혜택을 누리지만, 꼭 필요한 성품들을 기르기를 거부할 때는 그 결과에 따른 어려움을 같이 겪어야 했습니다.

부모가 먼저 낮아지다

이 과정에서 우리는 부모가 스스로 부족한 성품을 시인할 때까지는 자녀들

에게 그 성품이 자라도록 효과적으로 가르칠 수가 없다는 사실도 깨달았습니다. 부모로서 먼저 좋은 성품을 배우는데 솔선해야 한다는 점을 알게 된 것이죠. 우리는 아이들이 하나님의 진리를 품고 훌륭한 성품의 소유자로 자라도록 키우고 싶은 바람을 많이 갖고 있었습니다. 반면에 우리 안에는 이제 자신이 바뀌기에는 너무 늦었다고 고집 부리게 만드는 많은 핑계들이 있었기 때문에, 사실 이것은 아주 고통스러운 경험이었습니다. 그러나 하나님과 아이들 앞에서 성실한 마음으로 자신의 취약한 부분에서 성숙해지기 위해 자신을 낮출 때 그것이 내가 하나님 앞에서 성장하고 자녀들에게도 같은 길을 갈 수 있도록 도와주는 것이라는 사실을 배우게 되었습니다.

성품을 주제로 가족과 소통하다

성품 훈련을 위해 우리가 하는 것 중 하나는 매일 아침 저녁으로 가족이 함께 모이는 시간을 가지려고 애를 쓰는 것입니다. 특별히 저녁시간에는 직장이나 바깥에서 겪고 들었던 일 중에 다른 사람들의 이야기를 통해서 성품에 대해 자연스럽게 얘기하고, 어떤 성품이 있고 없음에 따라서 어떻게 결과가 달라질 수 있는지에 대해서 나눕니다. 실제 우리 삶의 이야기이고 또 종종 아이들도 아는 사람들의 이야기이기 때문에 작은 아이들도 귀를 기울여 듣습니다. "얘들아, 이 사람이 이런 자세를 가졌기 때문에, 이런 좋은 기회가 주어진 거야. 이 사람에게 그런 성품이 없었더라면, 그런 길이 열릴 수 있었을까?" 또 아이들이 홈스쿨의 일환으로 매일 한 쪽씩 글을 쓰게 하는데, 이 책 『진정한 성공의 길』에 나오는 성품들에 대한 내용을 한두 줄씩 베껴 쓰게 합니다. 이렇게 그 성품의 유익이 무엇인지 배우고 그런 성품을 갖고자 하는 바람을 갖도록 도와주려고 합니다.

사소한 일상이 성장의 기회이다

사실 우리가 조금만 주의를 기울이면 우리 삶에서 성품을 가르칠 수 있는 상황들이 날마다 생기는 것을 쉽게 알 수 있습니다. 예를 들면, 내가 밖에서 만난 다른 사람에게 신중하지 못하게 말을 해서 상대방의 마음을 언짢게 하는 일이 생겼을 때, 나의 경솔함 때문에 남을 힘들게 했다는 것을 돌아보고, 그 사람을 피하거나 내내 언짢아 하는 대신에, 그 사람을 찾아가 용서를 구하는 것을 배우고 아이들과 나눕니다. 형제간의 다툼이 있을 때, 문제는 누가 무엇을 어떻게 잘못했느냐보다는 서로가 그것에 어떻게 반응했느냐가 중요하다고 생각합니다. 화가 난 아이에게 왜 화가 났는지 돌아볼 수 있게 도와주고 온유함으로 일을 처리했을 때 어떻게 다른 결과가 나올 수 있는지를 같이 얘기합니다. 또 부모로서, 우리는 아이가 잘못한 것은 짧게 지적하는 것으로 지나가고, 잘 한 부분을 강조하고 칭찬하는 것을 잊지 않고 기억하려고 애씁니다. 아이가 자기 뜻대로 일이 되지 않았을 때, 얼굴이 뚱해지든지, 원망이나 불평을 하게 되면 그 사람의 입에서 나오는 말들이 다른 사람의 마음까지 어둡게 한다는 것을 가르쳐 줍니다. 그리고는 "어둠과 빛 중에서 어떤 것을 선택할래? 네 마음이 어둡니? 네 밝은 표정이 우리 모두의 마음에 빛을 줄 수 있단다."라고 말해 줍니다.

크고 작은 일들을 함께 하다

다른 사람과의 관계를 튼튼히 할 수 있는 이런 성품들도 중요하지만, 어릴 때 배워야 하는 또 다른 성품들은 일에 관한 것들입니다. 부지런함, 책임감, 창의력, 철저함 등의 성품들인데, 이런 성품들은 사실은 삶의 기쁨과 진정한 성공을 위해서는 빼놓을 수 없는

것이죠. 처음에는 이미 많은 일들로 안 그래도 바쁜데 언제 아이들을 가르치나 하고 낙망을 했지만, 바쁜 매일의 상황이 부모와 아이들 모두에게 일과 삶에 대한 성품을 키울 수 있는 가장 좋은 환경이라는 것을 깨달았을 때, 그것은 우리 가족에게 큰 전환점이 되었습니다. 왜냐하면 그런 성품을 키울 수 있는 기회가 날마다 우리에게 주어지기 때문이죠. 그때부터, 우리는 조금씩 집 안팎의 일들을 함께 하면서, 모든 일을 아이들이 순종, 책임감, 근면, 창의력, 경청, 유용성, 절제 등의 성품에서 자라도록 북돋는 기회로 활용하기 시작했습니다.

과정들이 새로운 의미로 와 닿다

무엇을 하든지 아이들이 불평하거나 군소리하지 않고 기쁜 마음으로 열심히 하는 것을 배우도록 돕는 것이 중요한 목표 중 하나였습니다. 우리의 주어진 상황을 아이들의 성품이 자라고 성숙해 질 수 있는 기회로 삼기 시작하자, 일에 대한 관점이 바뀌게 되었습니다. 일을 끝마치는 것이 목표일 때는 작은 일들을 함께 할 때에도 부모로서 참을성이 없는 것을 내보이기가 일쑤였습니다. 아직도 여전히 어렵고 지치곤 하지만, 우리들 안에 성품을 키우는 것을 목적으로 할 때 그 과정 자체도 새로운 의미를 갖게 되었습니다.

성품 가정

어려서부터 근면과 검약을 기르다

아이들의 성품이 자라도록 돕기 위해 시작한 또 다른 일은, 아이들이 12살이 되면 일정한 영역에 있어서 경제적으로 자립한다는 새로운 방침을 정하고 그것을 이행한 것이었습니다. 그것은 아이들이 자기 옷이나 다른 갖고 싶은 것을 살 때 스스로 지불해야 한다는 것을 의미합니다. 이따금 가족이 외식을 하는 경우도 마찬가지입니다. 처음에는 이처럼 '무자비한' 규율을 강행한다는 것에 대해서 마음이 편치 않았습니다. 그러나 모든 것을 부모가 다 채워 주고 싶은 마음을 옆으로 치워놓고, 그 방침대로 행했을 때 그것이 가져다주는 많은 유익을 발견하게 되었습니다. 아이들은 더 부지런해지고 검약을 배웠습니다. 자기가 가진 것들로 더 만족하게 되고 자원선용의 성품을 키우기 시작했습니다. 큰 아이들은 이웃집에 가서 청소나, 잔디 깎기, 집수리 등을 해서 돈을 벌 기회를 찾기 시작했고, 헌 옷이나 중고 물품들을 사서 돈을 절약하기 시작했습니다. 무엇보다도 중요한 변화는 아이들이 삶에 대한 진취적인 자세를 갖게 되었다는 것입니다.

아름다운 투자

우리가 처음에 생각했던 것처럼 좋은 성품이 하루아침에 만들어지지 않는다는 것은 사실입니다. 그러나 좋은 성품들이 성공적이고 풍성한 삶을 위해 필수적이라는 깨달음은 우리 집안의 모든 가족원들의 삶에 차이를 만들기 시작한 큰 첫걸음이었습니다. 아직도 크고 작은 문제들이 하루가 멀다 하고 매일 생기는 것을 봅니다. 그러나, 우리가 하는 모든 수고가 헛된 것이 아니라, 그 안에서 매일 성장하며 미래를 위한 소중한 투자를 하고 있다는 비전을 가질 때, 모든 것이 달라지기 시작했습니다. 이제 우리 자녀들이 부모인 우리가 그 나이 때에 가졌던 것보다 훨씬 더 좋은 성품들을 가진 것을 보면서, 부모로서 큰 기쁨을 느낍니다.

지혜로운 결정의 출발점

오늘날 우리는 자녀들이 바르고 성공적인 삶을 위해 진지한 태도를 갖고 자랄 수 있도록 양육하기 위해서는 예전에 없던 수많은 도전에 직면해야 하는 세상에 살고 있습니다. 많은 부모들이 자기 자녀가 세상 문제의 일부가 되어 버린 현실을 목격하며 슬픔에 잠겨 있습니다. 그 오랜 시간 동안 자녀교육을 위해 수많은 염려와 공을 들였는데도 그런 결과가 나타난다면 얼마나 슬픈 일입니까? 그러나 우리는 우리 자녀들이 성품을 배우는 한, 세상에서 문제를 해결하는 데 일익이 될 수 있다고 믿습니다. 좋은 성품들에 근거하여 내리는 지혜로운 결정들은 가정과 사회에서 성공적인 삶을 사는 데 큰 도움이 될 것입니다.

성품
공사 중

권영민 정진희 부부는 2014년 현재 나원(22), 오산(19), 예진(17), 오빈(15), 오창(13), 오혁(11), 오윤(7), 오섭(5)을 자녀로 두었고 미국 아칸소주에서 살고 있다.

"성품은 좋은 결심을 품었던 순간의 흥분이 사라져도
끝까지 그 결심을 수행하는 능력이다."

로버트 캐비트

우리는 우리 가족이 서로 건강한 관계를 세워
지역사회에 유익을 끼쳐야 할 필요를 인식하여
우리 자신의 부족함을 인정하면서도
그 필요에 응하길 원합니다.

이에 우리 가족을
성품 가정으로 선언합니다.

우리의 목표는 개별 품성을
적용하는 법을 익히고
좋은 성품을 세우는 생활 습관을 기르고
필요와 갈등을 '성품 훈련장'으로 삼고
다른 사람들을 섬겨 성품을 드러내는 것입니다.

서명일: _____ 년 _____ 월 _____ 일

가족명:

성품가정
세우기

가족 결의문을 표결하여 성품 가정이 되려는 의지를 선언한다. 이 결의문을 사용하거나 새 양식을 만들어도 좋다.
이 결의문에 서명하여 액자에 넣어 벽에 걸어 두면 성품 가정이 되기로 서약한 것을 계속 되새길 수 있다.

진정한 성공의 길(2016년 개정판) 수정 사항

품성낱말 바꿈

- 덕성 → 덕 (19,32,70,71,73쪽), 분별력 → 분별 (19,36,66,69,71쪽), 설득력 → 설득 (19,38,70,71쪽),

진정한 성공의 길(2014년 개정판) 수정 사항

23쪽 경각심 나의 결심 3
- 다른 생각이 들기 전에 옳은 일을 택하겠다. → 딴생각이 들기 전에……(choose to do right before I am tempted.)

25쪽 공경 나의결심 1, 3
- Honor → Reverence
- 윗사람을 공경하겠다. → 지도자를 공경하겠다.(respect my leaders.)
- 예의를 지키겠다.(use good manners.) → 지역의 관습을 존중하겠다.(respect the customs of the land.)

37쪽 품성낱말 바꿈
- 베풂(Benevolence) → 사랑(Love)

41쪽 시간엄수 나의 결심 4, 5
- "이것만 하고 나서."라는 함정에 빠지지 않겠다.→ "조금만 더"라는 덫에 걸리지 않겠다.(not fall into the trap of "just one more.")

44쪽 품성낱말 바꿈, 나머지 내용은 58쪽으로 바꿈
- 신중(Cautiousness) 대 성급함(Rashness) → 신중(Discretion) 대 경솔함(Simplemindedness)

58쪽 품성낱말 바꿈, 나머지 내용은 44쪽으로 바꿈
- 조심성(Discretion) 대 경솔함(Simplemindedness) → 조심성(Cuatiousness) 대 성급함(Rashness)

63쪽 책임감 나의 결심 3
- 내 능력껏 맡은 일을 모두 하겠다. → 내 모든 일에 능력을 다하겠다.(do all my work to the best of my ability.)

65쪽 품성낱말 바꿈
- 충실함 → 충성(Loyalty)

67쪽 환대 나의 결심 4
- 아무런 대가를 바라지 않겠다.→ 아무런 보답을 바라지 않겠다.(not expect anything in return.)

68쪽 후함 나의 결심 3
- 대가를 바라지 않고 주겠다. → 베푼 것에 대해 어떤 보답도 바라지 않겠다.(not expect anything in return for my generosity.)

70쪽 균형 품성들 추가
- 각 품성이 균형을 이루는 데 필요한 품성들의 목록